Kora Bürgi

Der architektonische Einfluss von Frank Lloyd Wright in der Zentralschweiz

Kora Bürgi

Der architektonische Einfluss von Frank Lloyd Wright in der Zentralschweiz

QUART

Vorwort

Ein Augenschein mit Architekten. Beim Jurieren eines Architekturwettbewerbs. Immer wieder fällt der Name von Frank Lloyd Wright. Aus ganz unterschiedlichen Gründen. Alle scheinen zu wissen, warum Wright in die Diskussionen einbezogen wird. Genauer fragt man nicht nach.

Dann doch: Warum fühlt man sich an die Architektur von Frank Lloyd Wright erinnert? Ist es die Materialisierung der Architektur? Der offene Grundriss? Die Fassadengliederung? Der Einbezug der nahen und fernen Landschaft?

Sichtbackstein, Vorsprünge der flachen Dächer, die Horizontale, Gurtgesimse und Bänder, Haupt- und Nebentrakt, die Hierarchie der Raumhöhen, das Zentrum mit dem Cheminée, die Kreise, Spiralen und Dreiecke wecken Assoziationen. Man sucht im eigenen Kulturrucksack nach Vergleichen und wird fündig. Man erinnert sich an Gesehenes. Dann gibt es anderes zu tun, man schiebt das Thema zur Seite.

Nun wollte es Kora Bürgi genau wissen. Ihren Rucksack hat sie sich in den USA selbst eingepackt. Ganz jung schon weilte sie mit ihren Eltern längere Zeit in Taliesin East und West. Ihr Vater hat dort studiert. Sie hat sich intensiv mit der Architektur von Frank Lloyd Wright auseinandergesetzt. Ihr boten sich zahlreiche Gelegenheiten, in Gebäuden von Frank Lloyd Wright zu wohnen, mit den Eigentümern zu sprechen und viele Eindrücke aufzunehmen. Das ging weit über die unter Fachleuten übliche Bauanalyse hinaus.

Zurück in der Schweiz, wiederum zuhause in Obwalden, hat sie sich zum Ziel gesetzt, den Einflüssen von Frank Lloyd Wright in der Zentralschweiz nachzuspüren. Das so entstandene Buch präsentiert die einheimischen Architekten und ihre Werke, welche mit den Ideen und Bauten von Frank Lloyd Wright in Verbindung gebracht werden können. Oft fallen die Bezüge sofort auf, ab und zu sind sie versteckt und müssen erst freigelegt werden. Und dann gibt es Gebäude, die dem architektonischen Mainstream verpflichtet sind, vielleicht aber ebenso stark auf Wright'sches Gedankengut zurückgehen, spürt man den Hintergründen nach.

Das Buch erscheint zum richtigen Zeitpunkt. Die in den Jahren nach 1950 entstandene Architektur ist grösstenteils noch vorhanden. Sanierungsmassnahmen drängen sich aber immer häufiger auf, was Qualitäts- oder sogar Totalverluste zur Folge haben kann. Zudem sind viele Leute, die sich mit diesen Bauten der Fünfziger- bis Siebzigerjahre befasst haben, noch da und bringen ihre Erfahrungen ein. Alle diese Elemente und Möglichkeiten der Recherche hat Kora Bürgi genutzt und zusammengetragen. Nun legt sie ein schönes, detailreiches, interessant geschriebenes und bebildertes Buch vor, das anregt, durch unsere immer dichter überbauten Siedlungen zu gehen, Gebäude anzuschauen und weitere Gebäude zu finden, die wenigstens in Teilen vielleicht auch von Frank Lloyd Wright inspiriert worden sind. Darüber lässt sich noch lange angeregt diskutieren.

Heinz Horat, Weggis, im Juli 2024

Solomon R. Guggenheim Museum, NY

Einleitung

«The 20th-Century Architecture of Frank Lloyd Wright demonstrates an important interchange in the discourse that changed architecture on a global scale during the first half of the 20th century.» [1]

Mit diesen Worten wird der Entscheid von 2019, acht Bauten Frank Lloyd Wrights (1867 – 1959) ins UNESCO-Weltkulturerbe aufzunehmen, begründet. Laut der UNESCO erfüllte der amerikanische Architekt mit seinen Werken das zweite Kriterium:

«(ii) to exhibit an important interchange of human values, over a span of time or within a cultural area of the world, on developments in architecture or technology, monumental arts, town-planning or landscape design». [2]

Dieser Entscheid fiel nicht einfach vom Himmel. Es brauchte Verhandlungen, von denen die ersten in der Türkei aufgrund eines Putsches 2016 abgebrochen werden mussten, wie mir Scott Perkins, Director of Preservation des Fallingwater Buildings in Pennsylvania, im Mai 2017 während meines Aufenthaltes in Taliesin in einem persönlichen Gespräch erzählte. Um ins UNESCO-Weltkulturerbe aufgenommen zu werden, mussten Wrights Bauten nicht nur in den USA von entscheidender Bedeutung sein. Ausschlaggebend für die Aufnahme war der Einfluss Wrights auf die Architektur des 20. Jahrhunderts weltweit. Auf diese Informationen berufe ich mich heute, indem ich die Argumentation der Frank Lloyd

Fallingwater House, PA

Taliesin Hill Tower, Taliesin East, WI

Wright Foundation in den Verhandlungen von vor 2019 weiterführe – auf den Raum der Zentralschweiz bezogen. In meiner an der Kantonsschule Obwalden verfassten Maturaarbeit untersuche ich den Einfluss des US-amerikanischen Architekten Frank Lloyd Wright auf die Zentralschweizer Architekturlandschaft. Damit soll der UNESCO-Entschluss von 2019 bezogen auf die Zentralschweiz geprüft und gegebenenfalls belegt werden. Obwohl bereits zahlreiche Publikationen zu Wrights Architektur vorliegen, gibt es bisher noch keine Untersuchung zu seinem Einfluss in der Zentralschweiz. Das Thema ist also noch weitgehend unerforscht.

Ich möchte an dieser Stelle hervorheben, dass ich einen starken persönlichen Bezug zur Architektur von Frank Lloyd Wright entwickelt habe, schon bevor ich mit dieser Arbeit begann. Auf meinen USA-Reisen durfte ich 2016 und 2017 für einige Wochen in Frank Lloyd Wrights Architekturschule in Taliesin West, Arizona, und Taliesin East, Wisconsin, wohnen. Indira Berndtson, Administratorin der Frank Lloyd Wright Foundation, gab mir die Erlaubnis «to touch the Frank Lloyd Wright furnitures and to play on his pianos». In Taliesin zu leben bedeutet, Teil einer Gemeinschaft, der Taliesin community, zu sein. Ich hatte das Glück, zahlreiche Persönlichkeiten kennenzulernen, mich mit ihnen über Wright, seine Architektur und Amerika auszutauschen: Ich erinnere mich an den ginger-tea im Wohnzimmer von Minerva Montooth, damals 92 Jahre, die uns lebhaft von ihrer Zeit in Taliesin erzählte. Sie hatte als persönliche Assistentin von Olgivanna Lloyd Wright (1898 – 1985), Frank Lloyd Wrights letzter Frau, in Taliesin gearbeitet. Ich schätze mich glücklich, David Dodge getroffen zu haben, der mir eine ausgedehnte private Führung durch sein Anwesen in Phoenix gab. Ich habe es als so durchdacht und elegant in Erinnerung, wie kaum ein anderes Gebäude, das ich je gesehen habe. Scott Perkins, mit dem ich zusammen im Haus Tan-y-Deri in Taliesin East wohnte, erzählte mir, dass Fallingwater nach dem Weissen Haus die meisten Besucher in den USA anzieht, 800 bis 900 pro Tag.

Die Zeit in Taliesin hat in mir eine grosse Faszination geweckt. Taliesin ist nicht nur ein Gebäude, das man sich von aussen anschaut und allenfalls bei einer Führung auch von innen besichtigt. Taliesin ist ein Campus, auf dem man immer von aussergewöhnlicher Architektur umgeben ist. Es ist nie, zu keinem Zeitpunkt möglich, diese besondere Architektur von Frank Lloyd Wright nicht irgendwie zu erleben. Diese Faszination und Dankbarkeit für die Gespräche sind bis heute geblieben. Mit meinen Taliesin-Aufenthalten war das Erleben von Wrights Architektur für mich nicht abgeschlossen: Wo immer ich in den USA bin, spielt Wright eine Rolle. Mag es sein Home and Studio in Oak Park, Chicago (besucht 2017) sein, das Solomon R. Guggenheim Museum in New York (besucht 2015/2018) oder die Pope-Leighey Residence in der Nähe von Washington D.C. (besucht 2022).

Die vorliegende Arbeit hat mich dazu veranlasst, auch hier in der Zentralschweiz nach Frank Lloyd Wright Ausschau zu halten. Es hat sehr viel Spass gemacht, dieses Stück USA in meiner Heimat zu entdecken. Auf so manchem Feldarbeits-Ausflug bin ich an meine Aufenthalte, die offenen Türen und interessanten Gespräche in Taliesin stark erinnert worden.

Kora Bürgi, Lungern, im Juni 2024

Die Autorin in Taliesin West, AZ

Zeichensaal von Hillside Home School, Taliesin East, WI

Merkmale der Architektur von Frank Lloyd Wright

Schaffensperioden im Werk Wrights

Als Wright 1959 im Alter von 92 Jahren stirbt, hinterlässt er mehr als 400 Bauten.[3] Diese Werke lassen sich nach ihren Merkmalen verschiedenen Entwicklungsstationen seines Schaffens zuordnen. In einer ersten Phase, die direkt an Wrights Tätigkeit im Büro von Adler und Sullivan in Chicago anknüpft, entstehen die Präriehäuser. Um 1920 folgt eine Reihe von kalifornischen Häusern, die sich in ihren Merkmalen von den Präriehäusern stark unterscheiden. In der späteren Schaffensphase ab 1930 entstehen die Usonian Houses. Obwohl Wright sein Prinzip der Organischen Architektur beibehält, entwickelt er es immer weiter. Dieses Reifen lässt sich auch an Häusern derselben Entwicklungsphase beobachten.[4]

Präriehäuser (1893 – 1910)

Die erste Phase kann als bedeutendste Periode von Wrights Schaffen angesehen werden. Sie bildet den Übergang von einer noch traditionell verankerten Architektur zur Moderne. Dieser Sprung zu einer neuen, modernen Architektur fand in Europa erst mehr als zwanzig Jahre später statt.[5] Für seine Präriehäuser entwickelt Wright das Raumkonzept des offenen, bewegten Raumes. Charakteristische Merkmale sind:

- Die Betonung der Horizontalen: Die horizontale Ebene entspricht der Ebene der Prärie. Sie geht damit auf die Weiten Amerikas ein. Hervorgehoben wird die horizontale Fläche durch weit überstehende Dachvorsprünge und kräftige, lineare, horizontale Bänder. Diese können an der Fassade als umlaufendes Fries-Fensterband unterhalb des Daches oder in Innenräumen auf Höhe der Türöffnung auftreten. Das Band läuft in den Innenräumen rings herum und wird aussen als Dachrand wiederaufgenommen. Durch die Betonung der Horizontalen als wichtigstes Detail entsteht der Eindruck eines sich an die Erde schmiegenden Gebäudes. Die horizontale Komposition soll das Haus in Einklang mit der Natur und nicht in Widerspruch zu ihr bringen.
- Offene Räume: Räume werden nicht zellenhaft nach Funktionen abgegrenzt. Wright fasst das Präriehaus als einen grossen Raum auf, der nach Notwendigkeit in Zonen aufgegliedert werden kann. Die Schachtelform wird durch fliessende, ineinandergreifende Räume aufgehoben, die nicht durch Türen, sondern durch Blickwinkel getrennt sind.
- Flache Walmdächer, «schwebende Dächer»: Wie beim Winslow House gut zu sehen ist, bewirkt das umlaufende Fries-Fensterband eine Abgrenzung zum Mauerteil unter dem vorspringenden Dach. Zusammen mit der Verschattung der Fassade unter dem Dach entsteht ein scheinbar schwebendcr horizontaler Dachkörper.

Winslow House, IL

Windmühlenflügelgrundriss beim Wingspread House, WI

- Windmühlenflügelgrundriss oder Pavillonbau: Die Präriehäuser lassen sich grob in zwei Typen unterteilen. Der Windmühlenflügelgrundriss wird von Wright in verschiedenen Variationen durchgespielt. Das kreuzförmige Durchdringen zweier verschieden hoher Baukörper bewirkt einen windmühlenförmigen Grundriss, wie man ihn etwa beim Willits House oder sehr eindrücklich beim Wingspread House sehen kann. Auch beim Robie House liegt ein Windmühlenflügelgrundriss vor, nur sind die Baukörper hier nicht kreuzförmig angeordnet, sondern parallel und zueinander verschoben. Beim anderen Typ werden mehrere Pavillons miteinander verbunden (Coonley House, Martin House).
- Zentraler überragender Mittelpunkt: Gerade bei Häusern der Windmühlenflügelform gibt es meist einen zentralen Teil, der den Rest überragt, und von dem aus sich Flügel in alle Richtungen erstrecken. Dieser zentrale Kern wird als Wirtschaftskern bezeichnet und bildet mit dem Kamin (fireplace) das Zentrum des Hauses. Der Kaminkern symbolisiert das gemeinschaftliche Leben einer Familie.
- Lange horizontale Balkonbänder: Sie werden meist mit Pflanzenwannen kombiniert, kragen nicht aus und ersetzen ein Geländer.

- Materialien: Rotes oder gelbliches Sichtmauerwerk in römischem Format (taucht im Inneren beim Wirtschaftskern wieder auf), Holz, Schindeln, manchmal auch Putz (Willits House), Betonunterzüge (Robie House). Mauerschichten unterstreichen die horizontale Gesamtkonzeption. Oft gestalten grosse Flächen von Mauerwerk das Äussere des Hauses.
- Allumfassende Gestaltung, Reduzierung auf das Notwendige: Alles nicht zwingend Nötige wird zugunsten der Raumerfahrung eliminiert, auf einen Dekorateur wird verzichtet, was damals nicht selbstverständlich war. Alles wird vom Architekten (Wright) selbst entworfen: Haus, Garten, Fenster, Möbel, Lampen, Teppich, Geschirr.

Durch seine Präriehäuser, die Wright vorwiegend zwischen 1900 und 1909 baut, gehört er 1909 bereits zu den bekanntesten Architekten Amerikas. Laut Blake war Wrights «Durchbruch so vollständig, dass die amerikanische Architektur heute noch damit beschäftigt ist, Wrights Vorsprung aufzuholen».[6] Und «[...] so unglaublich es klingen mag, das Präriehaus war nur der Anfang, nur ein kleiner Teil von Wrights schöpferischem Genius.»[7]

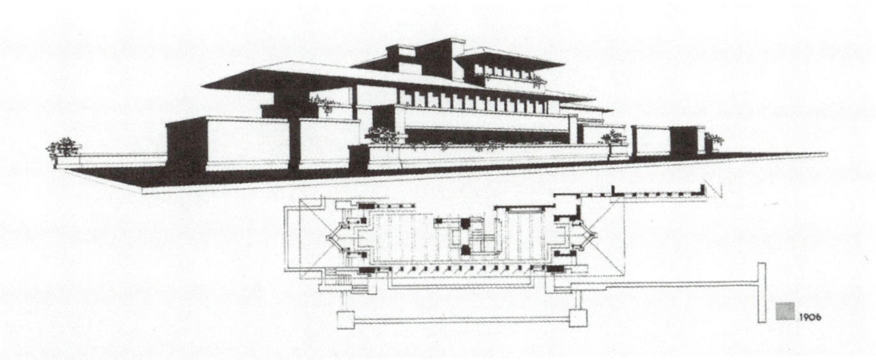

Windmühlenflügelgrundriss beim Robie House, IL

Betonung der Horizontalen beim Willits House, IL

Kalifornische Häuser (1920 – 1930)

Die Betonblockhäuser, die Wright in den 1920er Jahren in Kalifornien baut, bilden einen kompletten Gegensatz zu den mit der Natur in Einklang stehenden Präriehäusern. Die Baukörper werden durch geschlossene kubische Formen gebildet, die bisher in seinen Werken kaum auftreten und im plastischen Kontrast zur Umgebung stehen. Wrights früheres Bestreben, ein Bauwerk räumlich mit der Umgebung zu verzahnen, wird abgelöst durch die Notwendigkeit, sich vor Sonneneinstrahlung und Hitze zu schützen, weshalb die Betonblockhäuser beinahe fensterlos sind. Wright setzt das von ihm 1923 entwickelte «textile block system» ein. Dabei werden vorfabrizierte Betonblöcke mit Stahlzugstangen und Gussbeton untereinander verbunden. Die Betonblöcke sind an den sichtbaren Seiten oft ornamentiert.[8] Das Baumaterial ist für das trockene kalifornische Klima sehr geeignet, da es Wärme im Sommer abweist und im Winter speichert. Die Gebäude sind anders als die Präriehäuser oft von der Strasse abgewandt und haben Öffnungen zu den oasenhaften Innenhöfen, wodurch die standortbedingten Ausblicke zur Geltung kommen.

Von Bewohnern werden die kalifornischen Betonblockhäuser im Gegensatz zu den Usonian Houses als unpraktisch und unbewohnbar bezeichnet. Durch ihren Festungscharakter dienen sie eher privaten Rückzugsmöglichkeiten als Orten zum Leben.[9]

Ornamentik am Ennis House, CA

Ennis House, CA

Usonian Houses (1930 – 1941)
Mit seinen Usonian Houses startet Wright eine ganze Reihe von modernisierten Präriehäusern. Sein Ziel ist es, für die amerikanische Durchschnittsfamilie erschwingliche und bescheidene Häuser zu bauen. Verglichen mit den Präriehäusern sind die Usonian Houses einfacher gestaltet und bieten eine gute Lösung für das Wohnungsproblem in den USA.[10] Die Präriehaus-Elemente werden vereinfacht, modernisiert und wirtschaftlicher gemacht. Natürliche Baumaterialien werden so eingesetzt, dass Instandsetzungsarbeiten wie äusserer Anstrich, Putz etc. grösstenteils wegfallen und die Kosten niedrig bleiben. Das Usonian House wird zum Fundament für die neue Wohnhausarchitektur in den USA.[11] Charakteristische Merkmale sind:

- Die Gebäude scheinen oft länger und niedriger als die meisten Präriehäuser: Das zeigen etwa das Rosenbaum House und das Goetsch-Winckler House von 1939.
- Vorgefertigte Aussenwände aus Holzsandwichplatten mit horizontalem Verlauf der Bretter
- Flache Holzplattendächer, in verschiedenen Höhen versetzt angeordnet
- L-, V- oder U-förmige Gebäudekomposition: Die Usonian Houses wurden oft auf einem quadratischen Raster entworfen. Die neuen Winkel lösten den vormaligen Windmühlenflügelgrundriss der Präriehäuser ab. Die öffentlichen Aussenseiten sind geschlossen und abweisend. Die Innenseite ist mit dem Wohnbereich durch raumhohe Glaswände zum Garten bzw. Innenhof hin geöffnet.
- Vergrösserte Fensterflächen, Metallfenstersprossen: Durch Fortschritte in der Tafelglasherstellung ist eine grössere Fensterlichte möglich, wodurch mehr Sonnenlicht ins Innere einfallen kann. Durch Ganzglaswände an der L-förmigen Innenseite entsteht eine stärkere Verbindung zum Aussenraum. Die grossen Glasflächen werden durch dünne Metallfenstersprossen gegliedert und gleichen so den traditionellen japanischen Häusern mit ihrem Licht- und Schattenspiel im Hausinneren.

Goetsch-Winckler House, MI

- Offener Grundriss: Die eingeschossigen Usonian Houses bestehen meist aus einem Hauptkörper, der als grosser Raum angelegt ist und den Familienaktivitäten dient. An ihn grenzen separate Flügel mit den Schlafzimmern, um genügend privaten Wohnraum zu schaffen. Der offene Grundriss steigerte die Wohnlichkeit der Usonian Houses und machte sie in der Bevölkerung sehr beliebt. [12]
- Der Wirtschaftskern ist auch bei den Usonian Houses ein wichtiger Bestandteil. Der Mauerziegelkern ist aussen sichtbar.
- «Weiche» Verbindungen mit der Umgebung durch Balkone, Terrassen, Terrassierungen, Pergolen, Abtreppungen, ausgreifende Mauerscheiben. Begriffe wie «Ansicht» oder «Fassade» werden durch die Komplexität des Baukörpers unzulänglich. Terrassen sind ein vor allem bei Usonian Houses auftretendes Element.

Gesellschaftlich steht das Usonian House zwischen dem mit Fenstern zur Strasse offenen Präriehaus und den festungsartigen, abschottenden kalifornischen Betonblockhäusern. Die Usonian Houses meiden nicht jeglichen sozialen Kontakt, bewahren aber trotzdem einen gewissen privaten Schutz, indem sie sich mit einer geschlossenen Rückwand von der öffentlichen Seite ab- und mit den Glaswänden auf der L-Innenseite der Natur zuwenden.

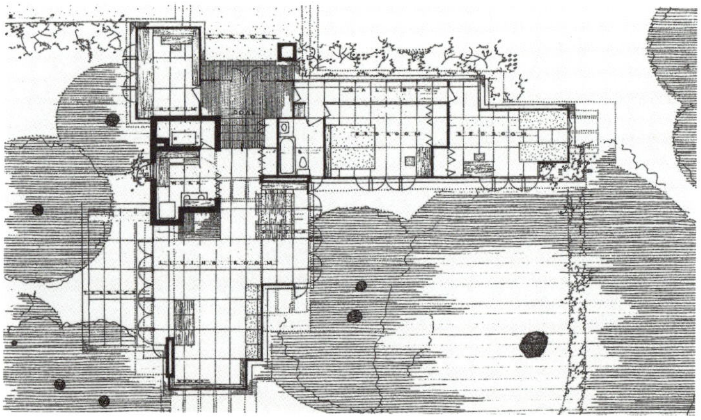

Grundriss Pope-Leighey House, VA

Pope-Leighey House, VA

Lichtspiel im Wohnzimmer des Pope-Leighey House, VA

Thema des bewegten Raumes

Es gibt keine geschlossenen Räume mehr, diese werden durch Glas oder freistehende, im rechten Winkel zueinander stehende und sich nicht berührende Wände aufgelöst. Die Wände scheinen im Raum aneinander vorbeizugleiten. Das nach aussen abgeschlossene Raumvolumen soll aufgelöst und eine Schachtelform vermieden werden. Eine Unterteilung des Inneren durch lockere Schiebewände ermöglicht eine Durchdringung von Innen- und Aussenräumen und dadurch eine nähere Beziehung zur Natur. Terrassen und Stützmauern rhythmisieren den Blick von innen nach aussen. Das Innere verschmilzt dadurch visuell mit der Landschaft und geht fliessend in diese über. Auch die Dachform trägt hierzu bei: Die Dachvorsprünge sind breit und dünnkantig und betonen die Horizontale. Die Idee des plastischen, verformbaren Raumes wird dadurch zur Organischen Architektur. Terrassenbrüstungen mit horizontalen Mauerkappen gehen in Blumenkästen und -vasen über und bringen Elemente der Natur ein.

Innere Erscheinung

Beleuchtung: In Wrights frühen Bauten ist es oft dunkel, da die lochartigen Fenster mit den bunten Bleiverglasungen wenig Licht ins Innere lassen. Bei den Präriehäusern mit Windmühlenflügelgrundriss kann schon mehr Licht einströmen und die Gebäude werden allmählich lichtdurchfluteter. Wright beginnt mit dem Licht zu spielen, indem er es an verschiedenen und unerwarteten Stellen einfallen lässt. In Fallingwater verglast

Treppe zum Wasserfall, Fallingwater, PA

Eckfenster im Wohnzimmer von Fallingwater, PA

er die Dachfläche und den Fussboden über der Treppe zum Wasserfall und sorgt damit für vielfältige Lichteffekte. Dennoch ist man in seinen Häusern nie ausgestellt und es gibt immer einen schützenden Rückzugsbereich. Selbst grosse Glasflächen, wie beispielsweise die Innenseite der L-förmigen Usonian Houses, sind mit Sprossen gegliedert.

Wohnraum: Der Kamin als Wirtschaftskern dient als Raumteiler und grenzt das Wohn- vom Esszimmer ab. Möbel, Heizungs-, Beleuchtungs- und Versorgungsleitungen werden in die Gesamtstruktur einbezogen und eingebaut. Versorgungsteile werden zu einem Teil der Architektur.[13]

Verzahnung von Innen- und Aussenraum

Um eine organische Wechselbeziehung zwischen Gebäude und Landschaft zu erreichen, werden Erker, Mauerscheiben und Veranden als Verbindung zwischen innen und aussen eingesetzt. Die Präriehäuser mit ihren Windmühlenflügeln reichen weit ins umliegende Land und stufen den Übergang zur Natur ab, was beispielsweise im Namen des Wingspread House angedeutet wird. Das Element der innen verglasten, aussen bewachsenen, durchgehenden Pergola findet beim Willey House und bei Fallingwater Verwendung. Das Gebäude nimmt Naturelemente aus der Umgebung auf und wird dadurch integrierter, manchmal sogar untergeordneter Teil der Landschaft. Fallingwater, das sich in seiner Form und Gestaltung an den benachbarten Wasserfall schmiegt ist dafür ein Paradebeispiel. Eine verglaste Treppe verbindet das Haus mit dem Wasserspiegel. Die Natur wird in diesem Fall zu einem Teil des Gesamtentwurfes. Ähnlich ist es beim Coonley House, das wieder das Element Wasser aufgreift. Durch das vorangestellte Wasserbecken im Innenhof wird die Hauptachse des Gebäudes betont. [14] Wright soll bei seinen Entwürfen sogar umstehende Bäume berücksichtigt haben, wie etwa beim Honeycomb House. In seiner Autobiografie schreibt er: «Das Hauptziel war die Anmut der Baukunst, die sich der Zeit, dem Ort und dem modernen Menschen anpasste.» [15]

Fensterfront in Taliesin East, WI

Kreissegmente beim Jester-Pfeiffer House, AZ

Äussere Erscheinung

Schützende Rückwand: Das Motiv der schützenden, geschlossenen Wand lässt sich an Beispielen wie Fallingwater oder dem Robie House verdeutlichen. Bei beiden ist die Hausrückwand geschlossen ausgebildet und enthält nur wenige Öffnungen.

Versteckter Eingang: Bei fast allen Prärie- und kalifornischen Häusern sind die Hauseingänge in dunklen Nischen seitlich oder an der Rückseite des Hauses verborgen gelegen.

Fensteröffnungen: In Wrights frühen Bauten sind Fenster oft scharfkantig in die Mauer hineingeschnitten und seit dem Winslow House mit einem Rahmen versehen. Auch die farbigen, bleiverglasten Fenster sind charakteristisch für viele Präriehäuser. Die Fenster wurden später zu horizontalen Fensterreihen vereinigt und vom Dach verschattet. Beim Coonley House werden erstmals Flügelfenster verwendet, die vom Boden bis zur Decke reichen. Von da an werden nach aussen schwingende Fensterflügel öfter verwendet. Neu tritt auch das Eckfenster auf. Gerade bei Fallingwater löst dieses Detail eine aussergewöhnliche Atmosphäre im Innenraum aus.[16]

Organische Architektur – Organic Architecture

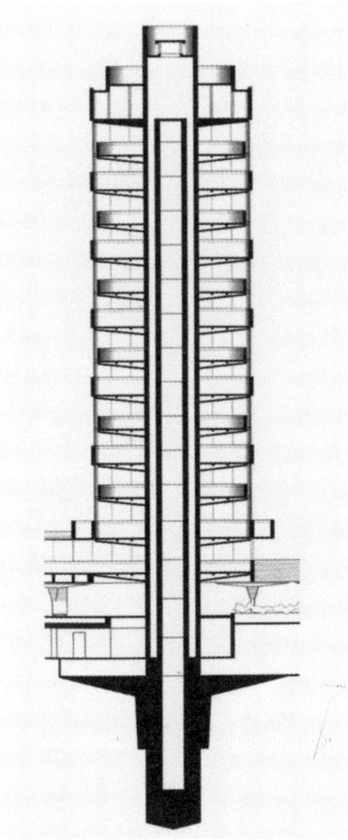

Baum-Struktursystem beim Johnson Wax Tower, WI

Die Landschaft in die Architektur einzubeziehen bleibt Wrights lebenslanger Leitsatz. Mit seiner Konzeption hat er ein neues Verhältnis von Natur und Baukörper in der Architektur des 20. Jahrhunderts geschaffen. Zugleich war er einer der ersten Architekten, der neben der Natur auch die Maschine als fähiges Hilfsmittel verstand und akzeptierte. Erstmals wurde Natur ganz bewusst als mitgestaltendes und integriertes Element der Architektur gesehen. «Das Studium der Natur war das höchste in meinem Leben», sagte Wright. Die Formen, die er in der Natur fand, bezog er in seine Entwürfe ein. Über alle Entwicklungsstationen hinweg lassen sich Naturformen als Inspirationsquellen in seinen Werken finden. Der Johnson Wax Tower von 1939 entspricht in seiner Konstruktion einem Baum: seine Stockwerke sind vom hohlen Kern auskragende Zweige, das Gebäude ist im Boden wurzelartig verankert.[17] In seinen letzten Lebensjahren setzt sich Wright immer mehr mit dem Kreisschema und der Schneckenform auseinander. Entweder reiht er Kreise verschiedener Grösse aneinander wie beim Jester-Projekt von 1938 oder er benutzt Kreissegmente als Gestaltungsprinzip wie beim David Wright House von 1950. Sein bekanntestes Bauwerk in diesem Zusammenhang ist wohl das Solomon R. Guggenheim Museum, bei dem er die dreidimensionale Kreisvariante, eine Spirale, anwendet.[18] Weiter dienen ihm Spinnennetze als Inspiration für Stahlkonstruktionen, aus kristallinen Formen entwirft er bunte Glasdekorationen und aus Pflanzenformen architektonische Ornamente. Aber nicht nur die von der Natur inspirierte Gestalt der Bauwerke, sondern auch ihre geschickte Verzahnung mit der Umgebung lassen Wrights Architektur mit ihr verschmelzen. Je besser diese Verbindung, desto besser die Harmonie des Gesamtbildes. Oberstes Ziel war Wright zufolge «to make the landscape more beautiful than before that building was built».

«Die Moderne Architektur – wir wollen sagen: Organische Architektur – ist eine natürliche Architektur – die Architektur der Natur für die Natur.» – Frank Lloyd Wright [19]

Frank Lloyd Wright 1952 in Taliesin West, AZ

Traditionell-amerikanisches Haus im Kolonialstil von ca. 1850

Was Wright beeinflusst und geprägt hat

Als Wright 1867 in Richland Center, Wisconsin, geboren wird, prägen vorwiegend Häuser im sogenannten Stock-Stil den einheimischen Baustil. Es handelt sich dabei um Häuser aus Holz und einer Skelett-Konstruktion in Leichtbauweise mit kurzer Lebensdauer. Ihre Form entspricht mit Holzsäulen, Türmchen, Aufbauten und komplizierten Dachverschneidungen dem damaligen Durchschnittshaus. Daneben wirken die Einflüsse der Pariser École des Beaux-Arts auf die amerikanischen Architekten. Wright wird sie später in Wort und Schrift bekämpfen und einen Weg einschlagen, der sich radikal von eben diesem Eklektizismus abwendet. Als er der Welt 1910 sein Frühwerk präsentiert, scheint dieses von der amerikanischen Bautradition komplett losgelöst. Dennoch bildet sie für den jungen Architekten eine entscheidende Grundlage: Wright lässt Elemente aus der Tradition des amerikanischen, englischen und japanischen Landhauses verschmelzen, reduziert sie und führt sie fort. Das Resultat ist eine eigene Architektursprache, die losgelöster nicht sein kann. So wird etwa die umlaufende Galerie (Porch) ein wichtiges Architekturelement des amerikanischen Landhauses, von Wright in seinen Bauten aufgegriffen und variiert. Er verwendet das Element anders als bisher, indem er den ganzen Bau umschliesst und das gleiche Element damit neu gebraucht. [20]

Der junge Wright wird früh für die Architektur sensibilisiert. Für seine Mutter Anna Lloyd-Jones ist vor der Geburt klar, dass ihr Sohn Architekt werden soll. Zielgerichtet wird Wright in diese Richtung geführt. Zur Erziehungsmethode gehören neben aufgehängten Bildern von Kathedralen im Wohn- und Schlafzimmer Wrights auch pädagogisch geeignete Spielsachen wie die Fröbelbausteine. Sie hinterlassen bei dem kleinen Jungen einen grossen Eindruck und beeinflussen als Mittel zur Ausbildung seiner Vorstellungskraft seine späteren Entwürfe. Tatsächlich lassen sich die Grundcharakteristika der Fröbelspiele an Wrights Gebäuden wiederfinden: strenge Geometrie, Entwurf des Grundrisses auf einem

Raster, linear, vollkommen abstrakt. Wright spricht die Bedeutung der Fröbelspiele für seinen Werdegang zum Architekten selbst in seiner Autobiografie an.[21]

In Wisconsin verbringt Wright als Kind viel Zeit auf der Farm seines Onkels. Er beginnt, die Natur als Lehrmeisterin zu sehen und genau zu studieren. Diese starke Naturverbundenheit zieht sich später wie ein roter Faden durch sein architektonisches Schaffen. Wright prägt den Begriff der Organic Architecture. Schon 1910 meint Wright: «Jede Architektur, die dieses Namens würdig ist, wird hinfort immer stärker organisch sein. Die Architektur wird ein heimisches Gewächs in Übereinstimmung mit dem natürlichen Gefühl und den industriellen Mitteln sein, die gemeinsam mit der Kunst den tatsächlichen Bedürfnissen dienen!» Wright sagt später, das Studium der Natur sei das höchste in seinem Leben gewesen und meint damit die prägende Zeit auf der Farm seines Onkels.[22]

Von Sullivan beeinflusste Ornamentik am Winslow House, IL

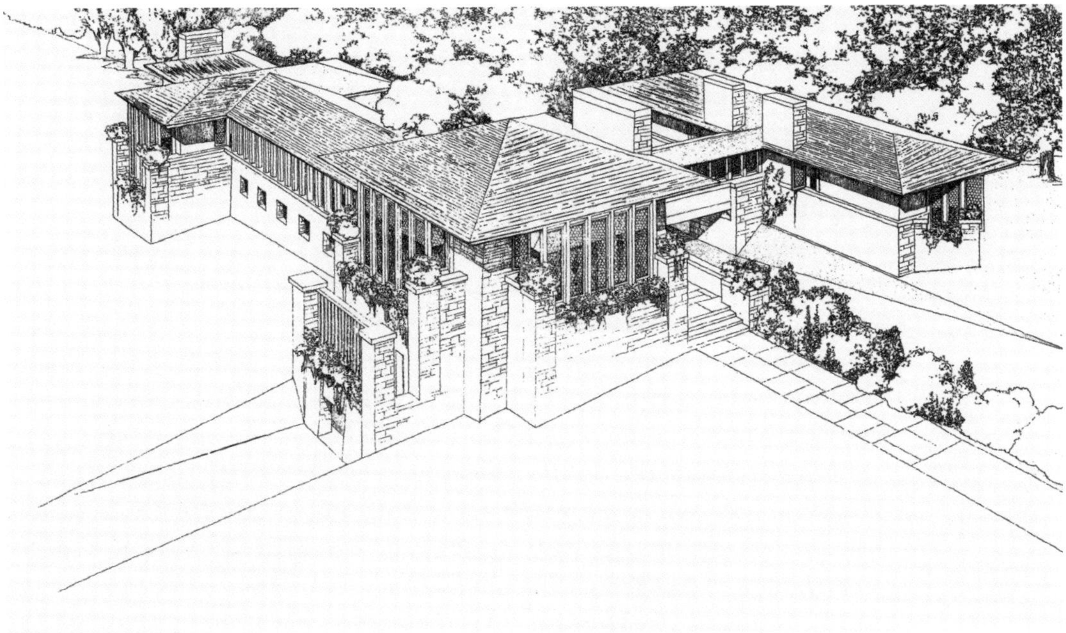

Skizze aus der Wasmuth-Mappe von 1910 der Hillside Home School, Taliesin East, WI

Als der Vater, ein Baptistenprediger in Richland Center, Wisconsin, die Familie verlässt, entschliesst sich Wright zu arbeiten. Das Studium der Ingenieurtechnik bricht er ab, um mit 18 Jahren im Büro von Lyman Silsbee (1848 – 1913), einem bekannten Chicagoer Architekten, zu arbeiten. Dieser orientiert sich wenig am damals dominierenden Neoklassizismus und wendet sich stattdessen dem englischen Landhaus-Stil zu. Der ist flexibler als der Neoklassizismus und gibt Wright Freiheit im Entwerfen. Bei Silsbee bleibt er nicht lange. Noch im selben Jahr 1887 tritt er in das Architekturbüro von Dankmar Adler (1844 – 1900) und Louis Sullivan (1856 – 1924) ein. Sullivan war damals ein bekannter Architekt und hatte gerade den Auftrag für den Bau des bedeutenden Chicagoer Opernhauses bekommen, an dem Wright nun mitwirken durfte. Sullivan kommt in Wrights Werdegang eine wichtige Rolle zu. Zwar übernimmt er von ihm keine formalen Konzeptionen, als vielmehr eine Idee. Sullivan ist der einzige Architekt, dessen Einfluss auf seine eigene Entwicklung Wright später anerkennt.

Noch von keiner Stilrichtung beeinflusst, wird Wright im Büro von Adler und Sullivan mit dem Jugendstil bekannt. Eines seiner Merkmale ist es, dass das Äussere die Funktion des Inneren andeutet. «Form follows function» ist eine der Ideen, die Wright von Sullivan übernimmt. Er bezeichnet sie später als Voraussetzung für «demokratische Architektur» und stellt sie dem «autokratischen Neoklassizismus» der Beaux-Arts-Bauten gegenüber. Gemäss Wright dürfe amerikanische Demokratie nicht auf Schein gebaut sein, und genauso aufrichtig müsse auch die Architektur sein. Diesem funktionalistischen Ansatz folgend, soll die Absicht eines Gebäudes an der Fassade und in den Details zum Ausdruck kommen. Damals entstand eine regelrechte Polarisierung zwischen den Beaux-Arts-Vertretern der Oststaaten und Wright und Sullivan, die sich den neoklassizistischen Normen widersetzten. Einen schweren Rückschlag erlitten beide, als die Organisation der Weltausstellung von 1893 den Oststaaten anvertraut wurde.

Neben der Aufrichtigkeit im Entwurf ist es auch Sullivans vom Jugendstil geprägte Ornamentik, von der Wright beeinflusst wird und die er teilweise in einigen seiner Frühwerke übernimmt, wie etwa für das umlaufende Fries am Winslow House in Oak Park, Chicago. Diese Ornamentik spielte ebenfalls in der Entwicklung von Wrights Organischer Architektur eine Rolle.

Sullivan erkennt Wrights Talent und überlässt ihm 1888 alle Wohnhausprojekte der Firma. Allerdings muss hier erwähnt werden, dass das Büro nicht auf den Bau von Privathäusern ausgerichtet war und die wirklich einflussreichen Projekte an Wright vorbeigingen. In dieser Phase entsteht unter anderem das Charnley House von 1891, das für die damalige Zeit schon eine aussergewöhnliche Modernität aufweist. Mit der Anstellung bei Adler und Sullivan gelingt es dem inzwischen verheirateten Wright, ein Eigenheim für sich und seine Frau in Oak Park zu erbauen. Mit der Zeit richten sich Auftraggeber für Wohnhäuser vermehrt direkt an Wright, und dieser entwirft unter einem Pseudonym einige Präriehäuser, bis Sullivan davon erfährt. Wright verlässt das Büro und macht sich 1893 in Oak Park selbstständig. In Wrights Werdegang kann Sullivan als eine Art Coach gesehen werden, der sein Talent erkannte, ihm Verantwortung übertrug und ihn in seinem Büro so förderte.[23][24]

Auf der Chicagoer Weltausstellung kommt Wright in Kontakt mit dem Modell eines japanischen Pavillons, dem Ho-o-den, der unverkennbar Einfluss auf Wrights Architektur nimmt – auch wenn er das bis zu seinem Lebensende leugnet. Dass selbst seine Zeichentechnik und Architekturdarstellung japanischen Einfluss zeigt, wird in der Wasmuth-Mappe von 1910 erkennbar. Diesen Einfluss bestätigt Wright ausnahmsweise im Vorwort der Publikation.[25] In seinem Büro in Oak Park arbeitet Wright weiter an seinen Entwürfen – 1901 sind es schon 50 ausgearbeitete Projekte – und ist dabei trotzdem ständig in Geldnot. Wrights Frühwerk erlangt zusammen mit seiner Persönlichkeit 1910 erstmals internationale Bekanntheit.

Wrights Ansichten zum Städtebau

Neben seinen architektonischen Prinzipien hat Wright eine klare Haltung zum Städtebau. Mit «Usonia» bezeichnet Wright seine Vision der Städteplanung und Architektur in den USA. Der Begriff bezieht sich auf Wrights Usonian Houses, die er in Zusammenarbeit mit der Firma Jacobs House ab 1936 errichten lässt. Sie stellen für Wright eine neue urbane Form dar, die er in seinem Buch *The Disappearing City* von 1932 zum ersten Mal präsentiert und 1935 anhand seines Modells «Broadacre City» vorführt. Wright konzipiert sie als «die grosse freie Stadt der Demokratie», die die Werte der Unabhängigkeitserklärung vertreten soll und von einem Architekten geleitet wird. Wrights Modell von Broadacre City ist das Gegenteil des urbanen Konzeptes, das die Vertreter der architektonischen Avantgarde vertraten.[26]

Hillside Home School, Taliesin East, WI

Taliesin West in der Sonora-Wüste, AZ

Wright mit seinen Schülern in Taliesin East, WI, 1937

Wrights Architekturschule Taliesin

Als Taliesin bezeichnet man die beiden Sitze der Frank Lloyd Wright School of Architecture in den USA. Entsprechend der geografischen Lage unterscheidet man Taliesin East in Spring Green, Wisconsin, und Taliesin West in Scottsdale, Arizona. Wright baut Taliesin East 1911 als eigenen Wohnsitz und gründet 1932 die Taliesin Fellowship. Es handelt sich dabei um eine Gemeinschaft von Schülern und ihren Familien, die in Taliesin leben, arbeiten und nach Wrights Prinzipien unterrichtet werden. Mit ihrer Gründung entsteht die aussergewöhnliche Architekturschule Taliesin, wo Wright junge Frauen und Männer aus aller Welt in seinem Büro arbeiten lässt. 1937 errichtet Wright in der Sonora-Wüste bei Scottsdale, Arizona, seinen Wintersitz Taliesin West, der ebenfalls als Teil seines Büros und der Schule dient. [27]

Wrights Architektur und Europa

Bekanntheit erlangt Wright in Europa durch Ausstellungen seines Werkes und mit wichtigen Publikationen, oft in Zusammenhang mit einer Ausstellung. Die davon ausgelöste mediale Berichterstattung erfolgt allerdings nicht kontinuierlich, sondern entsprechend dieser Ereignisse in Schüben, im Folgenden als Publikationswellen bezeichnet. Während den Weltkriegen und dem Nationalsozialismus kommt es kaum zu deutschsprachigen Veröffentlichungen von Wrights Werk. Die Architekten in Mitteleuropa werden besonders in den Zeiträumen 1910 bis 1911, 1925 bis 1931, 1950 bis 1952 und 1959 von Wrights Architektur beeinflusst.

Für die Beeinflussung von Schweizer Architekten sind in erster Linie die Zeiträume von 1910/1911 und 1950 bis 1953 von Bedeutung. Berichte zu Wright in der holländischen Zeitschrift *Wendingen* durch den Architekten Hendrik Wijdeveld (1885 – 1987) sowie die daraus hervorgehende Publikation und die *Wendingen*-Ausstellung in den Niederlanden, Deutschland und Belgien lösen die Welle an Berichterstattungen ab 1925 aus. Wrights Tod 1959 scheint kaum einflussreiche Berichte über ihn bewirkt zu haben. Neben vereinzelten Nachrufen erscheinen nur wenige Gesamtwerke und deutsche Übersetzungen zu seinem Werk.

Erstmals bekannt wird Wright in Europa durch die Publikation der Wasmuth-Mappe 1910. Es handelt sich um eine Monografie seines Frühwerkes, herausgegeben durch das Verlagshaus von Ernst Wasmuth in Berlin. Die Mappe enthält Zeichnungen zahlreicher wichtiger Projekte Wrights, vor allem Präriehäuser. So sind die Hillside Home School, der River Forest Golf Club und der Unity Temple enthalten. Den Zeichnungen gilt in der Publikation die gesamte Aufmerksamkeit, daneben erläutert Wright (schon 1910!) Europa seine wichtigsten architektonischen

Unity Temple, Oak Park, IL

Grundgedanken. Bei der Wasmuth-Mappe handelt es sich um die Zusammenfassung von Wrights damals abgeschlossener Schaffensperiode der Präriehäuser, die etwa 20 Jahre umfasst. Die Zeichnungen in der Mappe werden in den Architekturbüros in ganz Europa genau studiert. Hinzu kommt die Berlin-Ausstellung von 1910, die in Verbindung mit der Wasmuth-Mappe steht. Sie wird vom Wasmuth-Verlag organisiert und von Wright vorbereitet und eröffnet. Mies van der Rohe (1886 – 1969) meinte später dazu: «[...] Die grosse Ausstellung und die auf breiter Basis stattfindende Veröffentlichung seiner Werke erlaubte uns, die Ergebnisse dieses Architekten näher kennenzulernen. Unsere Begegnung mit ihm sollte eine grundlegende Bedeutung in der architektonischen Entwicklung Europas haben [...]». Genau wie die Publikation ist auch die Ausstellung ein grosser Erfolg, sodass sich Wright noch im selben Jahr zu einer weiteren, etwas kleineren, wiederum von Wasmuth betreuten Publikation entschliesst. Die beiden Wasmuth-Publikationen bilden den Anfang von Wrights internationalem Einfluss und machen seine Architektur den Europäern beinahe bekannter als den Amerikanern. [28] In den USA wird die Wasmuth-Mappe praktisch ignoriert. [29]

Ausgelöst wurde das Angebot Wasmuths, Wrights Werke zu publizieren, höchstwahrscheinlich durch den deutschen Literatur- und Kunsthistoriker Kuno Francke (1855 – 1930), der Wright 1908/1909 im Oak Park-Büro besucht. Obgleich Wright ab 1910 mehrere Reisen nach Europa unternimmt, dienen diese mehr der Werbewirksamkeit und haben wenig Einfluss auf die publizistische Verbreitung seines Werkes. [30] Umgekehrt ist das anders: Neben Francke sind die Besuche der europäischen Archi-

Wright, Richard Neutra, Sylva Moser, Kameki Tsuchiura, Nobu Tsuchiura, Werner Moser mit Violine und Dione Neutra mit Cello, Taliesin East, WI

Taliesin West, AZ

tekten Hendrik Petrus Berlage (1859 – 1934), Hendrik Wijdeveld und Werner Max Moser (1896 – 1970) bei Wright in den USA von ausschlaggebender Bedeutung für nachfolgende Publikationen in Mitteleuropa. Der Schweizer Architekt und spätere Professor an der ETH Zürich Werner Max Moser reist 1923 mit seiner Frau Sylva Moser zu Frank Lloyd Wright nach Taliesin East mit einem Brief seines Vaters in der Tasche. Karl Moser (1860 – 1936), ebenfalls Professor für Architektur, bittet Wright darin, seinen Sohn bei sich aufzunehmen. Moser bleibt bis 1926 in Taliesin. Dies verdeutlicht, wie gross die Akzeptanz und Neugier für Wrights Architektur zu diesem Zeitpunkt in der Schweiz schon gewesen sein muss. Bis zu seinem Tod stehen Moser und Wright in freundschaftlichem Kontakt.[31]

Es ist auch Werner Max Moser, der die Ausstellung *Frank Lloyd Wright – 60 Years of Living Architecture* 1951 in die Schweiz holt. Die Wanderausstellung, die zuvor in Florenz präsentiert worden war, zeigt Wrights Lebenswerk in Form von Modellen, Fotos, Original-Handzeichnungen und Diapositiven. Werner Max Moser bringt in Zusammenhang mit der Ausstellung das Buch *Frank Lloyd Wright: 60 Jahre lebendige Architektur. Ein Bildbericht.* heraus. 1950/1951 reist Wright ausserdem auf Einladung des Bunds Schweizer Architekten BSA und des Schweizer Werkbunds SWB in die Schweiz und hält an der ETH Zürich Vorträge. Der Eröffnung der Wanderausstellung wohnt er persönlich bei. Bei manchen Vorträgen Wrights ist das Interesse so gross, dass sie wiederholt werden müssen.[32] Auch Moser spricht in der Einleitung seines Bildberichtes von einem «ungewöhnlich starken Echo», das die Ausstellung auslöste. Er formuliert gleich selbst eine Erklärung: Wrights Werk zeige zwei Werte, die im menschlichen Leben sehr gefährdet seien: Der Wert des Menschen als Individuum im Gegensatz zum dirigierten Massenmenschen und der Wert der aktiven Beziehung zwischen Mensch und Natur. Daneben geht Moser auf wichtige Prinzipien von Wrights Architektur ein und macht diese damit einem breiten Publikum interessierter Schweizer Architekten bekannt.[33]

Neben den Auslösern für die vier genannten Publikationswellen gab es noch zwei weitere, für die Beeinflussung der Schweizer Architekten relevante Ereignisse, deren publizistisches Ausmass sich allerdings auf die Schweiz beschränkte. Dazu gehört die Reise von Hendrik Petrus Berlage, dem damals wichtigsten holländischen Architekten, zu Wright im Jahre 1911. Nach seiner Rückkehr verbreitet Berlage Wrights architektonische Prinzipien und Werke mit Vorträgen vor dem Zürcher Ingenieur- und Architektenverein. Weiter verfasst Berlage dazu drei Artikel in der *Schweizerischen Bauzeitung* von 1912, in denen Präriehäuser wie das Martin-, Coonley- und Dana House abgebildet werden. [34] Eine weitere Ausstellung *USA baut* wird 1945/1946 in der Schweiz realisiert und findet in Fachkreisen grosses Interesse. Gezeigt werden unter anderem das Larkin Building, Robie House, Goetsch-Winckler House, Taliesin West und das Johnson Wax Building. [35] 1955 verleiht die ETH Zürich Wright den «honorary degree». [36] Der Schweizer Architekt Alfred Roth (1903 – 1998) schreibt im Ausstellungskatalog von *USA baut*: «[...] Zunächst sei darauf hingewiesen, dass das Werk einer so ausgeprägten, einmaligen Persönlichkeit, wie sie Wright ist und bleiben wird, unmöglich direkt übernommen oder nachgeahmt werden kann.» [37]

Ist das so? Wieviel «Wright» blieb nach all den Ausstellungen, Publikationen und Vorträgen tatsächlich bei den Schweizer Architekten, insbesondere den Zentralschweizer Architekten, hängen? Wrights Präsenz im internationalen Architekturgeschehen ab 1910 ist nicht zu leugnen. In den 1950er und 1960er Jahren spielt er im Bewusstsein der mitteleuropäischen Architekten eine ebenso relevante Rolle wie die grossen Architekturfiguren Le Corbusier (1887 – 1965) und Mies van der Rohe. [38] Es stellt sich die Frage, inwiefern Wright andere Architekten dazu bewogen hat, nicht nur seine neuesten Publikationen mit Spannung und Neugier zu erwarten, sondern tatsächlich etwas davon aufzunehmen und umzusetzen. Ob Alfred Roth mit seiner Aussage irrt und ob es doch Architekten – Zentralschweizer Architekten – gab, denen es gelang, Wright nachzuahmen, wird im Folgenden anhand ausgewählter Beispiele aus der Zentralschweizer Architektur untersucht und analysiert.

[1] https://whc.unesco.org/en/list/1496/
[2] https://whc.unesco.org/en/criteria
[3] Treiber 1988, S. 133
[4] Kief-Niederwöhrmeier 1983, S. 40 – 73
[5] Blake 1962, S. 256
[6] Ebd. 1962, S. 270
[7] Ebd. 1962, S. 284
[8] Green 1988, S. 143 – 148
[9] Kief-Niederwöhrmeier 1983, S. 66 – 143
[10] Ebd. 1983, S. 69 – 72
[11] Blake 1962, S. 382
[12] Ammann 1969, S. 60
[13] Kief-Niederwöhrmeier 1983, S. 144ff.
[14] Ebd. 1983, S. 148 – 156
[15] Wright 1963, S. 246
[16] Kief-Niederwöhrmeier 1983, S. 131 – 143
[17] Ebd. 1983, S. 156ff.
[18] Treiber 1988, S. 46ff.
[19] Kief-Niederwöhrmeier 1983, S. 159
[20] Ebd. 1983, S. 17 – 28
[21] Wright, 1910/1986, S. 8ff.
[22] Kief-Niederwöhrmeier 1983, S. 156ff.
[23] Blake 1962, S. 251 – 262
[24] Kief-Niederwöhrmeier 1983, S. 28

[25] Ebd. 1983, S. 29ff.
[26] https://de.wikipedia.org/wiki/Usonia
[27] Frank Lloyd Wright Foundation: https://franklloydwright.org/site/taliesin-hillside/
[28] Kief-Niederwöhrmeier 1983, S. 160ff.
[29] Wright 1910/1986, S. 11
[30] Kief-Niederwöhrmeier, 1983, S. 180
[31] Ebd. 1983, S. 161 – 171
[32] Ebd. 1983, S. 172f.
[33] Moser 1952, S. 4f.
[34] Kief-Niederwöhrmeier 1983, S. 164
[35] Ebd. 1983, S. 171
[36] Ebd. 1983, S. 331
[37] Ebd. 1983, S. 171
[38] Blake 1962

Gebäudeanalysen

Halle des Heimbachschulhauses von Josef Gasser in Luzern, LU

Heimbachschulhaus

Kanton: Luzern
Ortschaft: Luzern
Standort: Heimbachweg 12
Bauherrschaft: Stadt Luzern
Architekt: Josef Gasser, Luzern
Typ: Schulhaus
Bauzeit: 1954 – 1958
Veränderungen: 1986 Umbau, Lifteinbau

Das Objekt ist der Hauptbau des Berufsschulzentrums Heimbach in der Stadt Luzern, das aus mehreren Gebäuden besteht. Es ist das wohl bekannteste Gebäude des Luzerner Architekten Josef Gasser. Der kubische Baukörper mit vier Vollgeschossen geht von einem nahezu quadratischen Grundriss auf. Konstruktiv besteht er aus einer Kombination aus konventioneller Massiv- und Skelettbauweise. Er gliedert sich in ein leicht zurückversetztes Erdgeschoss, zwei Obergeschosse und ein rundes Attikageschoss mit Flachdachabschluss. Die Fassaden sind mit quadratischen Glasmosaiksteinen verkleidet und werden von horizontalen umlaufenden Fensterbändern gegliedert. Wesentlichstes Merkmal des Inneren bildet die zentrale lichtdurchflutete Halle, sie ist das Zentrum des Gebäudes. Ein gewölbtes Netzfachwerk überspannt die Lichtkuppel.

Der Innenraum des Hauptbaus erinnert auf den ersten Blick stark an Wrights Guggenheim Museum in New York, insbesondere die terrassenförmigen Gänge fallen auf. Hinzu kommen die vorfabrizierten Pilzsäulen in den Gängen und im Aussenraum, die den kubischen Bau schwebend erscheinen lassen. Diese Pilzsäulen sind im Guggenheim Museum zwar nicht anzutreffen, aber bei vielen anderen Bauten ein typisches Element von Wrights Architektur. Das Sonnenblumennetzgewölbe scheint dagegen vom italienischen Bauingenieur Pier Luigi Nervi (1891 – 1979) inspiriert zu sein. Was das Heimbachschulhaus vom Museum in New York unterscheidet, wird durch seine Funktion deutlich: Im Guggenheim Museum bestand die Absicht darin, die Besucher ganz gezielt durch die Ausstellung zu führen: Mit dem Lift ganz nach oben gefahren, erleben sie nicht nur die Ausstellung auf einer kontinuierlich nach unten führenden Rampe, sondern auch den eindrücklichen Innenhof. Beim Guggenheim Museum handelt es sich um eine Spirale, deren Rampe selbst die gesamte Ausstellung bildet, ohne angrenzende Räume. Für die Nutzung als Schulhaus wäre eine solche Besucherführung nicht zweckdienlich gewesen. Im Schulhaus sind klar abgesonderte Räume erforderlich. Also wird aus einer Spirale mit Rampe ein Zylinder mit mehreren Ebenen, die durch Treppen verbunden sind. Ob Gassers Entwurf dem Guggenheim Museum nähergekommen wäre, hätte es keine funktionalen Einschränkungen gegeben?

Heimbachschulhaus, Ansicht von Osten

Heimbachschulhaus, Halle

Heimbachschulhaus, Erdgeschoss

Heimbachschulhaus, Kuppel

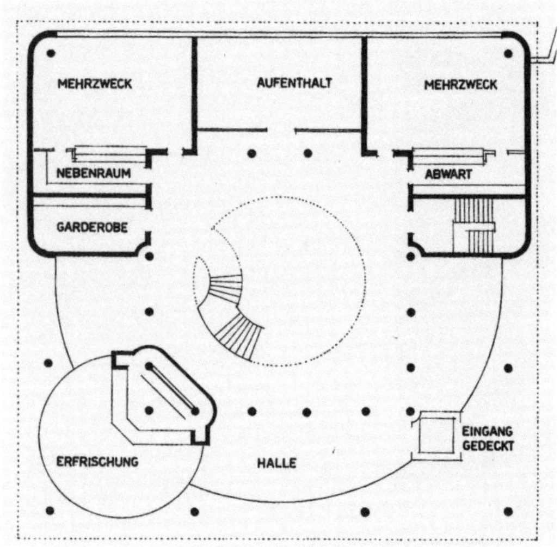

Heimbachschulhaus, Grundriss Erdgeschoss

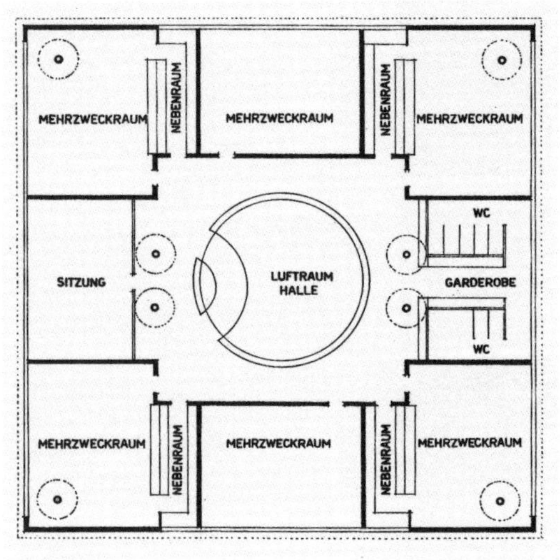

Heimbachschulhaus, Grundriss 1. und 2. Obergeschoss

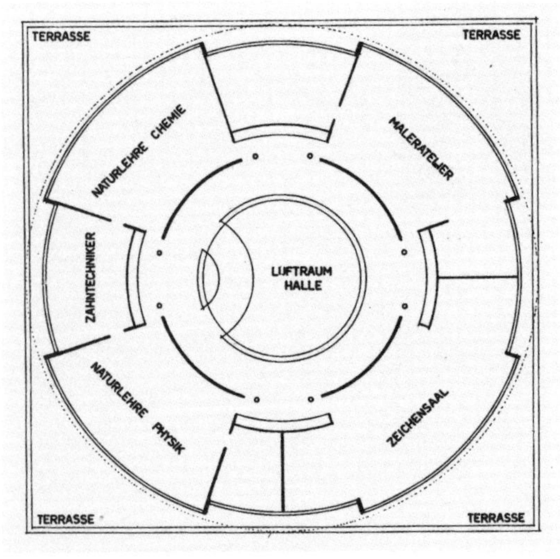

Heimbachschulhaus, Grundriss Attika

Heimbachschulhaus, Kuppel

Heimbachschulhaus, Halle, Treppe

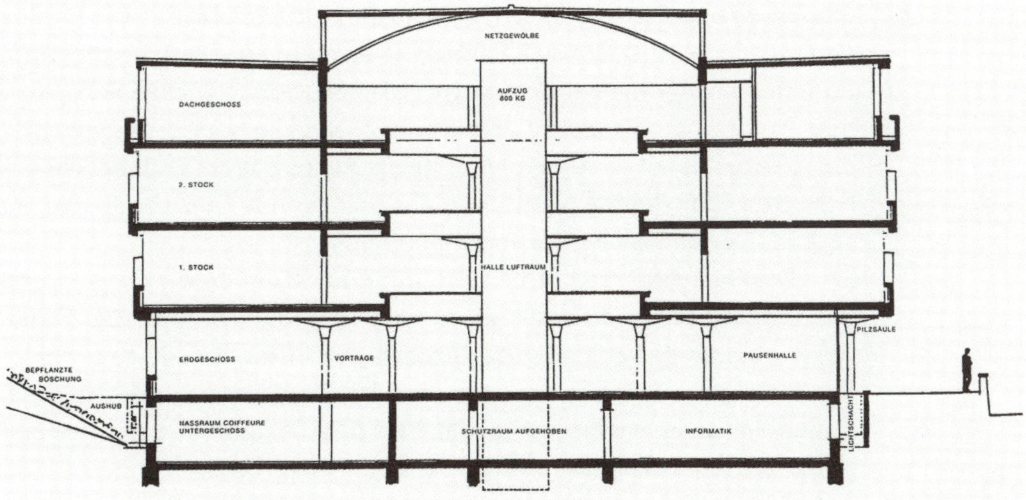

Heimbachschulhaus, Querschnitt

Villa Schnyder

Kanton: Luzern
Ortschaft: Littau (Stadt Luzern)
Standort: Gasshofstrasse 18
Bauherrschaft: Dr. Josef Schnyder
Architekt: Josef Gasser, Luzern
Typ: Wohnhaus mit Arztpraxis
Baujahr: 1959
Veränderungen: 1980 und 1985 Umbauten im Inneren, 2018/2019 Gesamtrenovation und Erweiterung

Im Auftrag des Arztes Dr. Josef Schnyder baute der Architekt Josef Gasser 1959 das Wohnhaus mit Arztpraxis, auch bekannt unter dem Namen Villa Schnyder, im damals noch ländlich geprägten Littau. Unweit davon realisierte er 1960/1961 den Wohnturm Fanghöfli, der Teil einer grösseren Überbauung hätte werden sollen. Der Villa Schnyder kommt innerhalb von Gassers Werk eine besondere Stellung zu, es handelt sich um das erste Landhaus seiner Schaffenszeit.

Der im Grundriss T-förmige Bau ist zweigeschossig. Auffallend sind die in Sichtbackstein ausgeführten Fassaden und die Dachlandschaft in Form von flach geneigten Walmdächern. Strassenseitig bildet ein Besucherparkplatz eine grosszügige Vorzone, während sich auf der gegenüberliegenden Gartenseite der Wohnbereich durch die unter dem Dach integrierte Gartenlaube zur Landschaft hin öffnet. Von der Strasse aus bleibt der Garten hinter Aussenwänden aus rötlichem Sichtbackstein verborgen. Bei der Villa Schnyder zeigt sich Gassers frühe Vorliebe für geometrische Muster, die sich im Laufe seines Schaffens intensiviert.

Die Gebäudekomposition wird von flach geneigten, auskragenden Walmdächern überspannt. Solche Walmdächer sind typisch für Wrights Präriehäuser. Unter der Dachkante liegende Fensterbänder sowie umlaufende niedrige Gartenmauern betonen die Horizontale und gliedern den Baukörper. Beim Dachwerk handelt es sich um eine Holzkonstruktion mit einem Neigungswinkel von nur 15 Grad. Genau wie bei Wright werden Dachrinnen, Fallrohre oder sonstige Dachentwässerungsinstallationen weggelassen. Entsprechend fliesst Regenwasser auch bei der Villa Schnyder über die Dachkanten in das umliegende Gelände ab. Bei Häusern in der Schweiz ist das sehr unüblich.

Die Gartenfassade öffnet sich mit einer Kombination aus raumhohen Flügeltüren und Festverglasungen zum Aussenraum. Alle Fenster werden durch das ausladende Vordach geschützt. Es entsteht der Eindruck eines erweiterten Innenraumes. Die Reduktion auf die drei Materialien Sichtmauerwerk, Holz und Glas folgt Wrights Prinzip des materialgerechten Einsatzes: «in the nature of materials».

Die Gestaltung der Innenräume entspricht der Idee der bürgerlichen Villa. Es wird deutlich unterschieden zwischen öffentlichen Bereichen und den privaten Räumen der Wohnung. Auch hier ist Wrights Einfluss unverkennbar: Im offenen Grundriss gehen Räume teilweise ineinander über, und im Wohnzimmer bildet die Decke die Zeltdachform ab, ähnlich wie zum Beispiel im Living Room von Taliesin East. Hier ahmt Gasser nach, was er von Wright kennt, auch wenn die Gegebenheiten nicht vollständig übereinstimmen und auf dem angedeuteten Walmdach noch ein

Villa Schnyder, Ansicht von Nordwesten

Stockwerk liegt. Gleichzeitig nehmen die drei gemauerten Kamine im Wohnzimmer, Masterbedroom und Gartenpavillon eine zentrale Stellung ein und sind vertikale, massige Elemente, die über das Dach geführt werden. Der Wohnzimmerkamin ist jenem im Schlafzimmer (im Obergeschoss) gestalterisch untergeordnet.

Die Villa Schnyder entspricht augenfällig dem Typus des Präriehauses. Die Betonung der Horizontalen, weit auskragende Walmdächer, die Sichtbacksteinfassade, der offene Grundriss, der zentrumbildende fireplace im Wohnzimmer und die in die Natur ausgreifenden flachen Gartenmauern sind typische Elemente von Wrights erster Schaffensperiode. Besonders das Weglassen von Regentraufen verdeutlicht, in welchem Masse Gasser Wright nachgeahmt hat und der reinen Dachfläche eine grosse Priorität zukommen liess.

Die Villa Schnyder zeigt – anders als der Wohnturm Fanghöfli oder Gassers Eigenheim und Atelier Auf Oberrüti – nicht nur einzelne Merkmale von Wrights Architektur. Wrights Einfluss ist hier viel offensichtlicher, da die Villa Schnyder Bauten von Wright ausgesprochen ähnlich sieht. Hier zu nennen wären etwa der 1903 – 1905 errichtete Martin House Complex in Buffalo, NY, das Harry Adams House in Oak Park, IL, von 1913 sowie das 1910 fertiggestellte Frederick C. Robie House in Hyde Park, Chicago, IL. Es ist möglich, dass diese Gebäude Gasser als Vorlage dienten. Wahrscheinlich spielte dabei das Robie House eine zentrale Rolle, da es das bekannteste Werk in Wrights früher Schaffensperiode darstellt und Gasser bekannt gewesen sein dürfte. Das Robie House sowie das Martin House wurden bereits zu einem frühen Zeitpunkt in der Wasmuth-Mappe von 1910 publiziert.

2015 bezeichnet Ueli Habegger in einem Gutachten zur Schutzwürdigkeit die Villa Schnyder aufgrund der starken Siedlungsentwicklung Littaus im Zeitraum zwischen 1960 und 2000 als «architektonisch entwertet». Die Veränderung des Ortsbildes habe das «Konzept eines Präriehauses [...] weitestgehend zerstört». Weiter «entspreche sie in ihrem Aufbau und ihren Funktionen nicht amerikanischen Vorbildern», was nach vorliegender Analyse des Objektes in Frage zu stellen ist. Die Villa Schnyder nimmt innerhalb von Gassers Werk eine zentrale Rolle ein indem sie aufzeigt, in welchem Ausmass dieser Architekt schon zu einem frühen Zeitpunkt von Wrights architektonischem Wirken inspiriert war und diese Prinzipien kompromisslos umsetzte.

Villa Schnyder, gedeckter Sitzplatz

Villa Schnyder, Ansicht von Südwesten

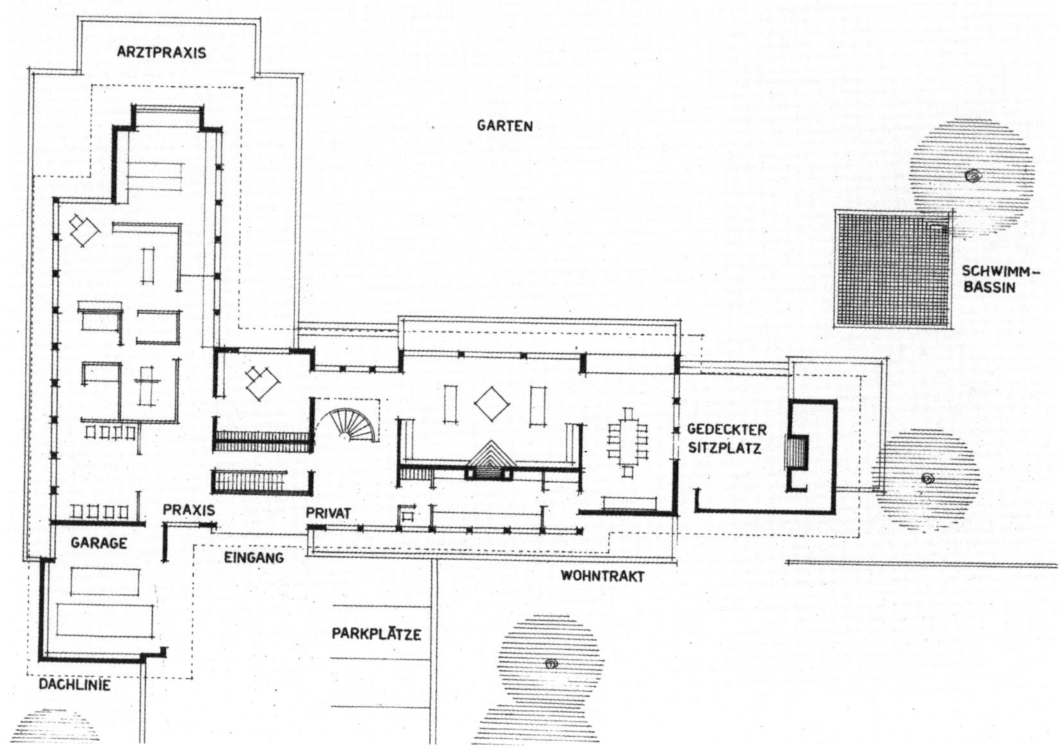

Villa Schnyder, Grundriss Erdgeschoss

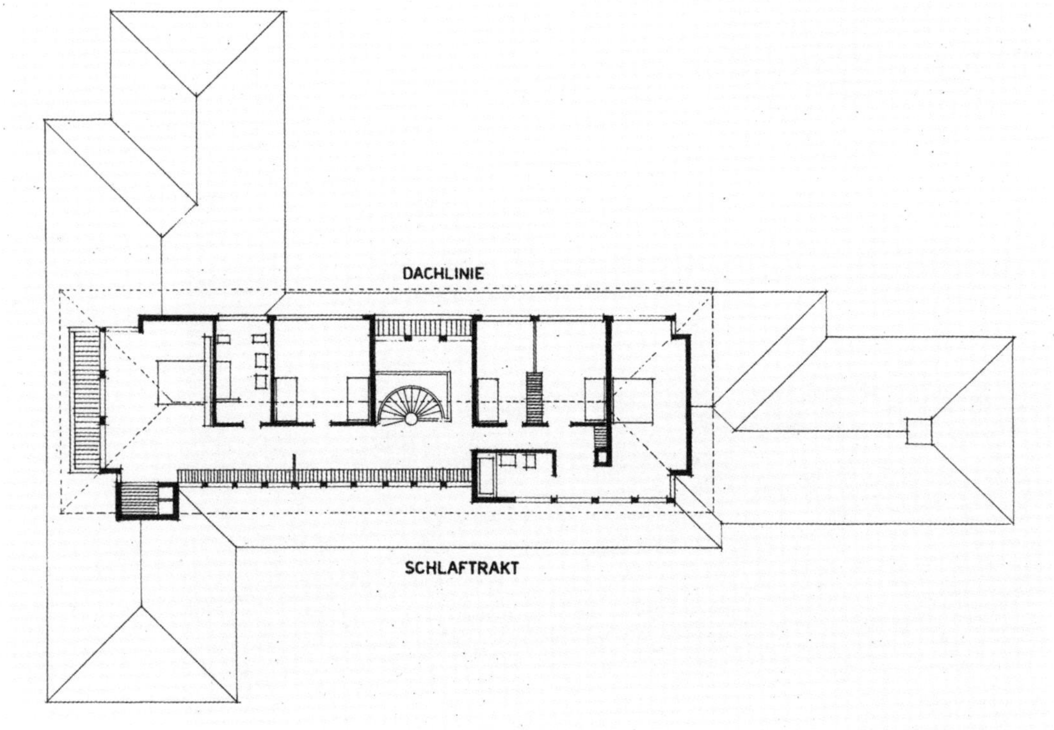

Villa Schnyder, Grundriss Obergeschoss

Villa Schnyder, Ansicht von Osten

Villa Schnyder, Schlafzimmer Obergeschoss

Villa Schnyder, Wohnzimmer, fireplace

Auf Oberrüti

Kanton: Luzern
Ortschaft: Horw
Standort: Auf Oberrüti 19
Bauherrschaft: Josef Gasser
Architekt: Josef Gasser, Luzern
Typ: Einfamilienhaus mit Atelier
Baujahre: 1960/1961
Veränderungen: 1970 Anbau Architekturbüro und Garage, 2016 Sanierung

Auf seiner Website schrieb Gasser, schon als Kind davon geträumt zu haben, auf der Oberrüti am Rande des Siedlungsgebietes ein Haus bauen zu können. Aus dem Ort entstand die Form: Der Hauptbau bildet entsprechend der Hanglage ein Kreissegment und inszeniert den grandiosen Blick auf den Vierwaldstättersee. In seiner Gestaltung entspricht Gassers Eigenheim ganz den Prinzipien Wrights Organischer Architektur.

Dem Hauptbau ist eine Gartenterrasse vorgesetzt, die mit einer Holzbrüstung begrenzt wird. Während sich die Talseite durch eine Glasfront zur Umgebung hin öffnet, schränkt eine geschlossene Rückwand den Blick auf den Wandrand ein. Nur kleine Fenster belichten den Korridor, durch den alle Zimmer erschlossen werden.

Einzigartig wird die runde Form in der Küche aufgenommen, dort gruppieren sich Küchenschränke, Abwaschbecken, Kühlschrank und Ofen um einen runden Tisch, in dessen Mitte die Herdplatten symbolisch das Zentrum markieren. Ein kreisförmiger fireplace ist das optische Zentrum des Wohnzimmers. Die durchgehend befensterte Auskragung mit Sitzgruppe gegen Osten bildet gemeinsam mit einem Turm über der Küche den Abschluss des Baukörpers. Auskragung und Turm werden von je einem Pyramidendach abgeschlossen, während der Hauptbau von einem schwach geneigten Walmdach überspannt wird. Das Turmzimmer ist nur über eine Aussentreppe erreichbar und diente Gasser als Atelier. Durch die absichtlich hoch platzierten Fensterbrüstungen sollte dieser bei seiner Arbeit nicht abgelenkt werden und nur den Himmel und die Baumwipfel im Blick haben. Diese Naturbezogenheit wird auch durch die Materialisierung des Gebäudes verdeutlicht. Zum Bau wurden selbst zusammengesuchte Natursteine (Emmenböllen) verwendet sowie Lärchenholz für das Holzwerk innen und aussen.

Das Kreissegment mit vorgesetzter Terrasse taucht auch in Wrights Werk häufig auf, wie etwa beim Laurent House in Rockford, IL, von 1951 oder dem Robert Llewellyn Wright House in Bethesda, ML, von 1953. Das wohl bekannteste Beispiel stellt das zweite Herbert Jacobs House in Madison, WI, das sogenannte Solar Hemicycle, dar. Nicht nur die auffällige Gebäudeform, sondern auch der Turm zeigt eine grosse Ähnlichkeit zu Gassers Eigenheim. So erfolgt die Verzahnung von Innen und Aussen auch beim Solar Hemicycle durch grosse Fensteröffnungen, durch ein weit überstehendes Dach und naturbelassene Materialien.

Auf Oberrüti, Ansicht von Südwesten

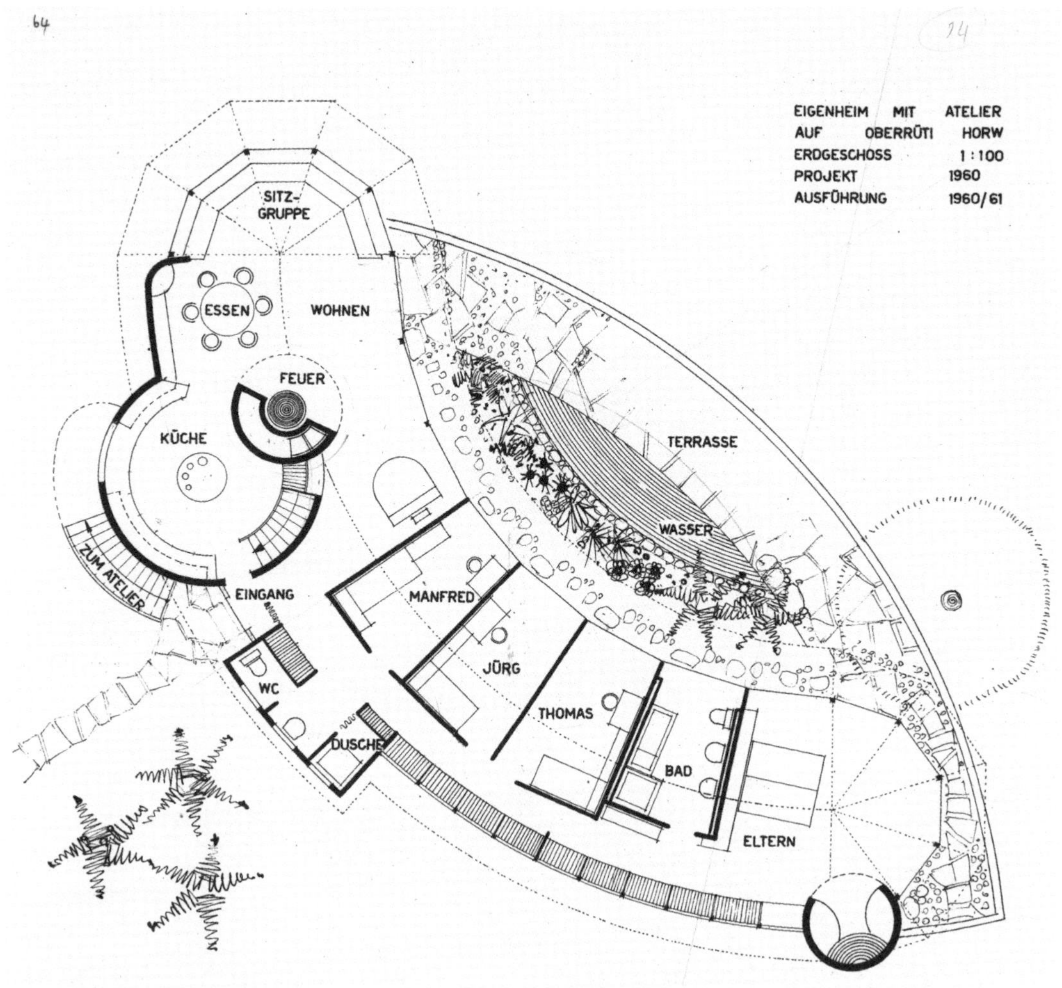

Auf Oberrüti, Grundriss Wohngeschoss

Auf Oberrüti, Flugaufnahme

Auf Oberrüti, Teilansicht von Nordwesten

Auf Oberrüti, Teilansicht von Südwesten

Auf Oberrüti, Teilansicht von Südosten

Auf Oberrüti, Teilansicht von Süden

Auf Oberrüti, Teilansicht von Nordosten

Auf Oberrüti, Wohnzimmer, fireplace

Herbert Jacobs House II, WI (FLLW)

Ferienhaus am See

Kanton: Luzern
Standort: am See
Bauherrschaft: Heinrich Koradi
Architekten: Erwin Peter Nigg und Egon Dachtler, Zürich
Typ: Ferienhaus
Baujahre: 1962/1963
Veränderungen: 1965 zusätzlicher Trakt (Gästehaus), 1968 Verlegung Bassin, zusätzlicher Trakt mit Garage und Geräteraum

Das Gebäude wurde von dem erfolgreichen Zürcher Bauunternehmer Heinrich Koradi in Auftrag gegeben. Der Baumeister wünschte sich ein abgelegenes Ferienhaus am See. Das gesamte Seeufer befand sich schon zur Bauzeit in der Naturschutzzone, ausgenommen war nur ein kleiner Teilbereich im Kanton Luzern, der noch bebaut werden durfte. Koradi kaufte das Grundstück mit Seeanstoss inklusive einem Seeanteil. Mit der Umsetzung seines Anliegens beauftragte er den jungen Architekten Erwin P. Nigg. Am Technikum in Winterthur war dieser durch seinen Professor Ulrich J. Baumgartner, der Wright als sein grosses Vorbild bezeichnete, mit dessen Architektur vertraut. Für die Innenarchitektur wurde das junge Paar Robert (1931–2021) und Trix (*1933) Haussmann hinzugezogen.

In einer ersten Bauphase entstand ein Ferienhaus mit aussenliegendem Bassin. In einem zweiten Schritt, nun in Zusammenarbeit mit Egon Dachtler, wurde die Anlage um einen Trakt erweitert, der als Gästehaus dient. 1968 kam mit einer Garage ein dritter Trakt hinzu. Für dessen Realisierung hatte Koradi das Grundstück seines Nachbarn kaufen können. Das Bassin wurde verlegt und der Verbindungsgang zwischen Ferienhaus und Gästehaus überdacht. Für die Gartengestaltung zog Koradi den renommierten Gartenarchitekten Willi Neukom (1906–1987) bei. Dem Haus ist ein Schilfgürtel vorgelagert. Zum Anwesen gehört auch ein Schiffssteg.

Verglichen mit anderen Ferienhäusern aus dieser Zeit ist das Anwesen von Koradi luxuriös. Die Anlage ist zum See ausgerichtet und macht zur Strasse hin einen geschlossenen, unauffälligen Eindruck. Einzig weisse Mauern und ein Dachrand sind sichtbar. Die geschlossene schützende Rückwand als Abgrenzung zwischen privatem Bereich zum See und der Strasse erinnert an Wrights Konzept der Usonian Houses. Die einstöckigen, horizontal betonten Baukörper passen sich organisch in die flache Uferlandschaft ein. Ausladende Flachdächer greifen in den Garten aus und schaffen gedeckte Aufenthaltsorte.

Das Gebäude wirkt ausgesprochen amerikanisch. Die grosszügige Bauweise erinnert an die unbegrenzten Weiten Amerikas, die dort als Bauland zur Verfügung standen. Der Gebäudekomplex scheint leicht, doch wird eine Leichtbauweise nur vorgetäuscht. Die Wände sind gemauert und die Dächer betoniert. Nur so konnten die auskragenden Flachdächer und die verglasten Gebäudeecken realisiert werden. Die Befensterung sowie die Dachuntersichten sind im damals beliebten und widerstandsfähigen Redwood-Holz ausgeführt. Ganz den Vorgaben von Wright folgend, bildet der fireplace im Hauptgebäude das Zentrum des Hauses. Der Grundriss ist offen und ineinanderfliessend.

Ferienhaus am See, Ansicht von Südwesten

Dennoch grenzt sich der pavillonartige Bau von Wrights Usonian Houses ab. Der Unterschied besteht darin, dass Koradis Ferienhaus vermutlich nicht, wie für Usonian Houses üblich, auf einem Raster entworfen wurde. Das Spielen mit grossformatigen Verglasungen lässt auch Einflüsse des bekannten Architekten Richard Neutra (1892 – 1970) vermuten. Verglaste Gebäudeecken sind sowohl für Wright als auch für Neutra typisch. Bänderförmige Oblichter im Wohnbereich erinnern wiederum an Usonian Houses.

Das Bauwerk kann folglich nicht nur dem Einfluss Wrights zugeordnet werden. Wright und Neutra scheinen beide den Architekten inspiriert zu haben.

Ferienhaus am See, Wohnzimmer

Ferienhaus am See, Blick aus dem Schlafzimmer in den Garten

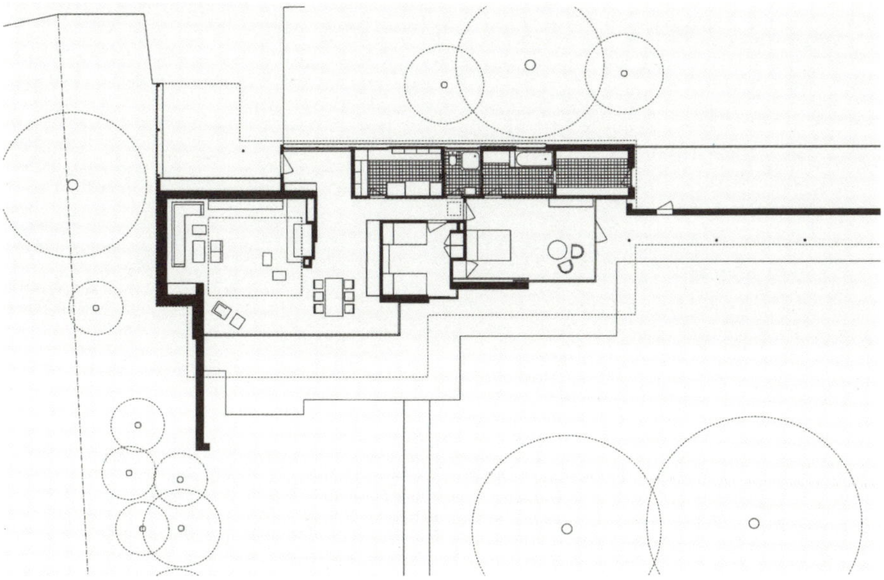

Ferienhaus am See, Grundriss Erdgeschoss

Ferienhaus am See, Teilansicht von Süden

Terrassenhäuser

Kanton: Zug
Ortschaft: Zug
Standort: Terrassenweg 1–9
Bauherrschaft: unbekannt
Architekten: Fritz Stucky und Rudolf Meuli, Zug
Typ: Terrassenhäuser, Gesamtüberbauung mit 25 Wohnungen
Bauzeit: 1958–1961
Veränderungen: unbekannt

Die Terrassenhäuser am Terrassenweg in Zug waren die ersten ihrer Art in der Schweiz. Sie waren Stuckys und Meulis Antwort auf die Herausforderungen des grossen Bevölkerungswachstums der 1950er Jahre. Terrassenhäuser boten eine optimierte Lösung für das verdichtete Bauen, daneben reduzierte der neue Bautyp nicht nur die Baukosten, sondern galt als ideale Bebauungsform für Hanglagen.

Der Gesamtkomplex setzt sich aus fünf Blöcken mit insgesamt 25 Einzelwohnungen zusammen. Die Bauwerke sind nach Westen ausgerichtet, mit Blick auf die Stadt Zug. Zentrales Gestaltungselement bilden die schräg nach aussen geneigten Betonbrüstungen, die teilweise als Pflanzentröge ausgebildet sind und vor Einblicken schützen. Die Fenster sind rahmenlos in die Fassade geschnitten. Die Terrassenhaus-Konstruktion beruht auf einer an die Hangneigung angelehnten, abgetreppten Fundation aus Tragmauern in Eisenbeton. Ein Luftraum zwischen den Mauern und dem Hang isoliert das Gebäude. Neben dieser hangseitigen Verankerung sind die Terrassenhäuser auf einem massiven Garagenblock aufgelagert. Die einzelnen Wohnungen werden mit seitlich angeordneten Aussentreppen erschlossen. Die grosszügigen Terrassen nehmen mehr als einen Drittel der gesamten Wohnfläche ein.

Wright selbst baute nie Terrassenhäuser. Dennoch sind seine Prinzipien am Baukomplex in Zug stark erkennbar. Auffälligstes Element ist die horizontale Bänderung der Betonbrüstungen, die für einzelne Usonian Houses charakteristisch ist, wie beispielsweise am Sturges House in Los Angeles, CA, von 1939. Sie sind im Übrigen den Pagodendächern der asiatischen Baukunst ähnlich, an denen sich auch Wright zweitweise orientierte. Durch die in die Landschaft eingepasste, abgetreppte Bauform gliedern sich die Terrassenhäuser in die Topografie ein.

Terrassenhäuser, Ansicht über Eck

Terrassenhäuser, Zugang/Terrasse

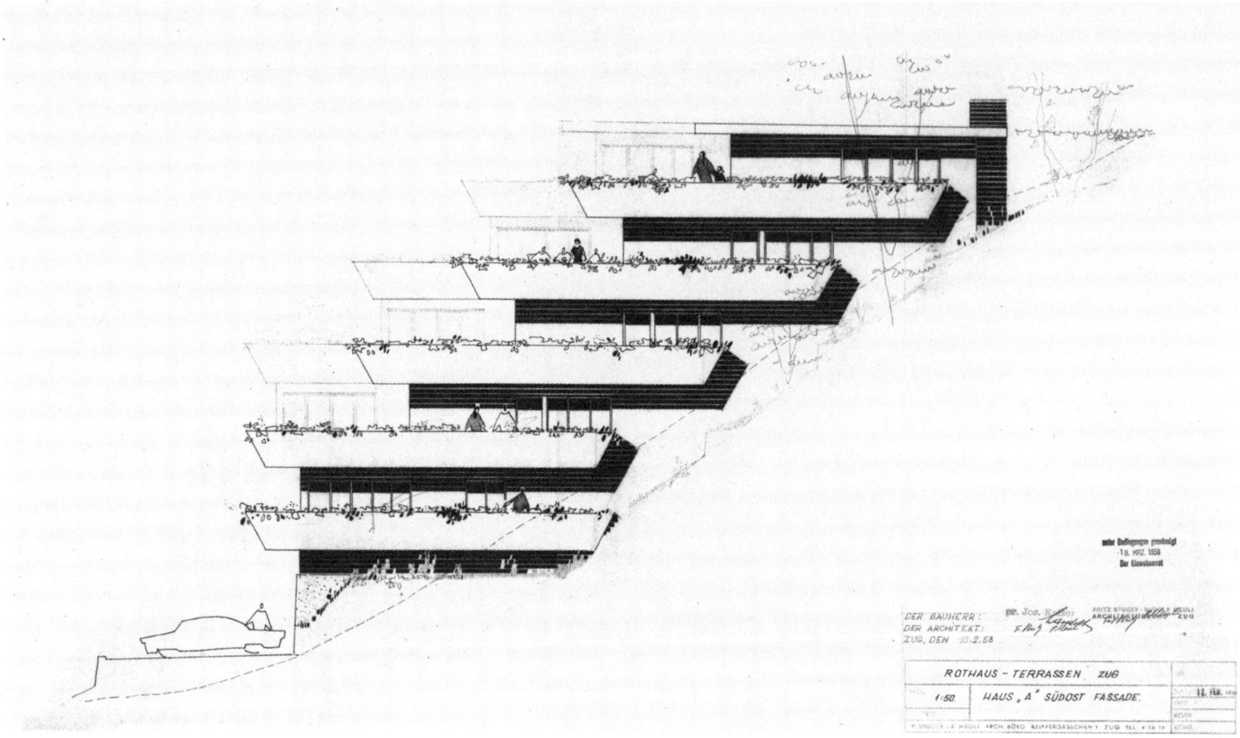

Terrassenhäuser, Ansicht Südost-Fassade

Terrassenhäuser, Gesamtansicht

Terrassenhäuser, Balkone

Rose Pauson House, AZ (FLLW)

Wohnhaus Schärli

Kanton: Luzern
Ortschaft: Adligenswil
Standort: Obmatt 8
Bauherrschaft: Otto Schärli
Architekt: Otto Schärli, Luzern
Typ: Einfamilienhaus
Baujahr: 1962
Veränderungen: 2006/2007 Umbau und energetische Sanierung

Auf den ersten Blick scheint das Haus in Obmatt in Adligenswil, das der Architekt Otto Schärli jun. für sich und seine Familie mit fünf Kindern baute, nicht mit Frank Lloyd Wrights Präriehäusern in Verbindung zu stehen: keine flachen, auskragenden Dächer, keine Betonung der Horizontalen. Dennoch ist das Grundkonzept dahinter dasselbe: Organische Architektur. Und die entspricht in der bergigen Zentralschweiz eben nicht den Weiten des Mittleren Westens der USA.

Das Haus Schärli befindet sich in einer Hügellandschaft. Ein quadratischer, turmartiger Betonkern bildet den Mittelpunkt des ansonsten grösstenteils in Holzbauweise konstruierten Gebäudes, von dem die beiden Gebäudeflügel ausgehen. Sie werden von rechtwinklig aneinanderstossenden Pultdächern gedeckt. Der Innenraum unterteilt sich primär in drei Zonen. Der massive Betonturm gehört zur ersten Zone und enthält über vier Etagen Heizung, Küche, Bad und Atelier. Die angrenzende mittlere Wohnzone erstreckt sich über zwei Etagen. Daran schliesst, nach Osten und Westen ausgerichtet, die äussere Zone mit den Schlafräumen an. Diese sind zu den Wohnräumen im Niveau, als sogenannte Split Levels, versetzt und durch Galerien und Treppen miteinander verbunden. Das so entstehende Spiel mit verschiedenen Ebenen und Abtreppungen erinnert an Wrights Architektur und unterstreicht die aussergewöhnliche Konzeption des Gebäudes.

Organisch geht das Haus auf die Umgebung ein, indem die Grenze zwischen Innen- und Aussenraum durchlässig gemacht wird: eine Pergola im Norden, die grosse Terrasse mit Schwimmbecken im Südwesten und ein gedeckter Sitzplatz im Osten. Zu einer «erlebnisreichen Übergangszone» tragen laut Otto Schärli eingezogene Eingangspartien, weit vorgezogene Vordächer, von innen nach aussen durchgezogene Wände und pergolaartig weitergeführte Dachbalken im Äusseren bei.

Das Gebäude ist besonders durch seine äussere Form mit der Umgebung verbunden. Das Eigenheim Obmatt steht dem Pilatus frontal gegenüber und scheint von ihm in seiner Silhouette inspiriert zu sein. Laut dem Architekten Otto Schärli entstand diese Ähnlichkeit unbewusst und wurde erst später von ihm wahrgenommen.

Der Holzbau fächert sich im Grundriss von Osten nach Westen auf. Zimmer als Rückzugsorte sind nur über Gemeinschaftsbereiche erschlossen.

Wohnhaus Schärli, Ansicht von Westen

Wohnhaus Schärli, Ansicht von Süden

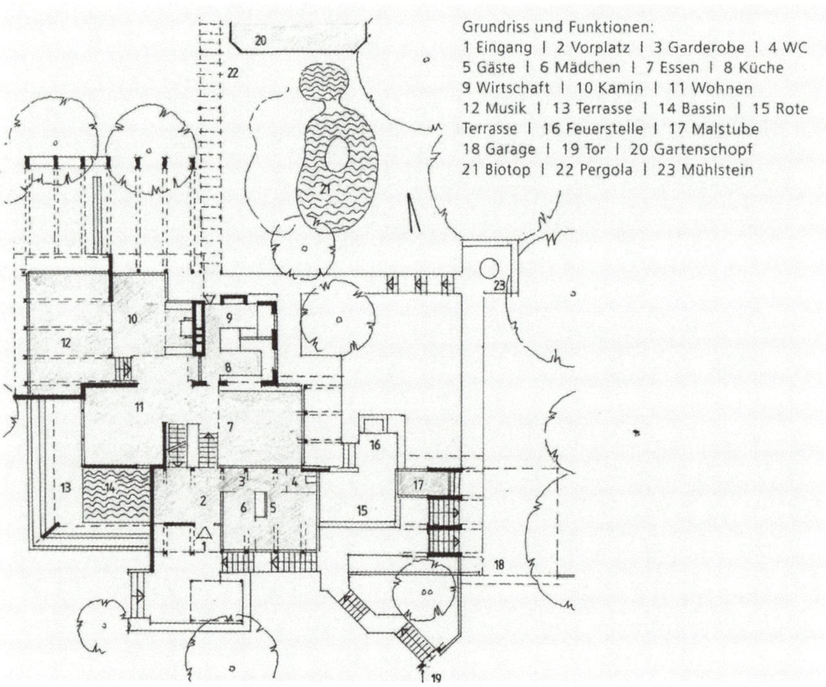

Wohnhaus Schärli, Grundriss Wohngeschoss

Wohnhaus Schärli, zentraler Betonkern

Wohnhaus Schärli, Teilansicht von Südosten

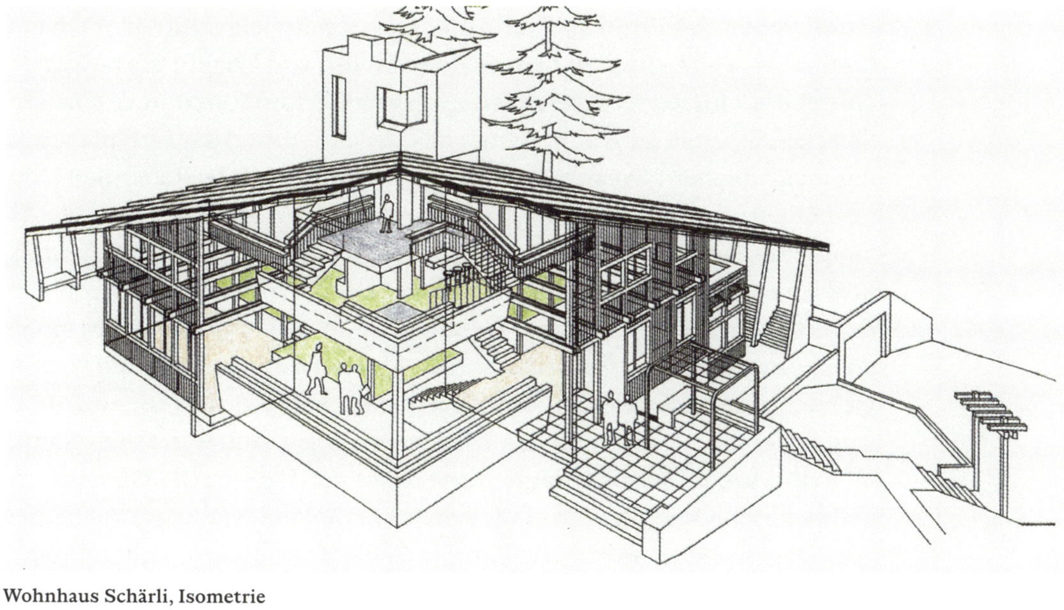

Wohnhaus Schärli, Isometrie

Wohnhaus in Seedorf

Kanton: Uri
Ortschaft: Seedorf
Standort: Bolzbach 24
Bauherrschaft: Dr. Walter Ledergerber
Architekt: Dolf Schnebli, Zürich
Typ: Einfamilienhaus
Baujahr: 1963
Veränderungen: Renovation 1983 (Heizung, Küche, Bad), 2006 (Wintergarten, Fassade zum See)

Dr. Ledergerber beauftragte Dolf Schnebli mit dem Bau einer Villa für sich und seine Familie in Seedorf. Der ursprüngliche Entwurf vom November 1962, von dem Grundriss- und Ansichtspläne vorliegen, wurde allerdings in dieser Form nicht, sondern mit veränderten Fassadenansichten ausgeführt. Die Grundrisse stimmen dennoch überein. Wieso der Fassadenentwurf vom November 1962 nicht umgesetzt wurde, ist ungewiss.

Der ursprünglich geplante Bau ist in seinem Äusseren stärker an Wright angelehnt als der ausgeführte. Eine Glasfläche, die durch Sprossen gegliedert wird, bildete ursprünglich die gesamte Fassade des Wohnzimmertraktes zur Seeseite hin. Zwar sind bei Wrights Frühwerk, den Präriehäusern, Verglasungen dieser Grösse eher selten. Doch gerade bei der Hillside Home School in Taliesin East lässt sich eine ähnliche Gliederung mittels Fenstersprossen beobachten, wobei die Verglasung beim hervortretenden, dominanten Gebäudeteil grösser ist als bei den übrigen Gebäudeflügeln.

Wenn auch das heutige Bauwerk aussen weniger von Wright beeinflusst zu sein scheint, zeigt sich im Innern doch amerikanischer Wohnstil. Der fireplace ist Zentrum und Raumteiler. Wie Wright bestand auch Schnebli darauf, sein Bauwerk direkt mit Einbaumöbeln auszustatten, die wiederum eigens entworfen und in ihrer Form und Funktion dem Haus angepasst sind. Dazu gehören verglaste Holzschränke, Sideboards, Regale und typisch amerikanische begehbare Kleiderschränke.

Was das Innenleben des Gebäudes charakterisiert, ist Schneblis Spiel mit offenen Räumen, die den Besucher in einer Art Rundgang durch die Räumlichkeiten führen und verschiedene Durchblicke und Sichtachsen durchs Haus aufscheinen lassen. Es entsteht, was Wright als bewegter Raum bezeichnete. Gespielt wird auch mit Deckenhöhen und -formen, die beispielsweise im Wohnzimmer das äussere Walmdach andeuten, mit unterschiedlichen Niveaus, Oberlichtern und zum Teil freistehenden Mauerscheiben, die den bewegten Raum strukturieren. Der überhohe, grosszügige Eingangsbereich in der Mitte des Hauses bildet den Ausgangspunkt, an dem jeder Rundgang beginnt und endet. Von dort aus wechseln sich hohe Räume und niedrige Durchgänge ab, sodass jeder Raum einen neuen, unerwarteten Eindruck formt: Der hohe Eingangsbereich mündet nach einem kurzen, mit einer Treppe nach unten führenden Durchgang unter einer Galerie in das Wohnzimmer mit seiner grossen Raumhöhe und seinen vertikal gegliederten Fensterflächen. Die Oberlichter sind an geschickten Stellen eingebaut und erhellen – teilweise auch über zwei Etagen – ganz bewusst bestimmte Gebäudeteile wie etwa das fensterlose Treppenhaus oder Gänge im Hausinnern. Es entsteht, ähnlich wie in den Präriehäusern, ein Lichtspiel.

Wohnhaus in Seedorf, Teilansicht von Osten

Wohnhaus in Seedorf, Ansicht von Südwesten

Wohnhaus in Seedorf, Perspektive, Baugesuchsplan

Wohnhaus in Seedorf, Split Level

Wohnhaus in Seedorf, Wohnzimmer

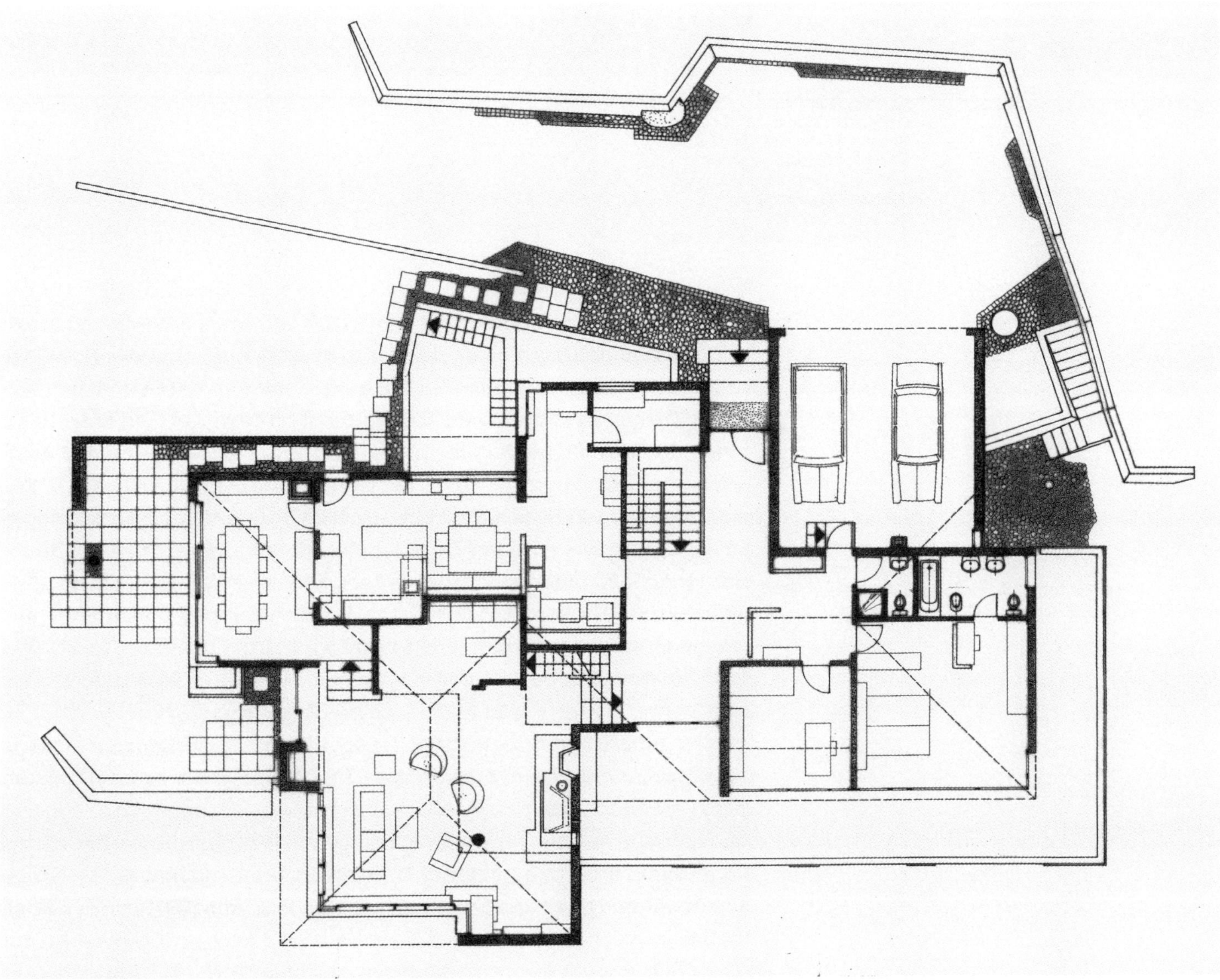

Wohnhaus in Seedorf, Grundriss Wohngeschoss, Projektplan

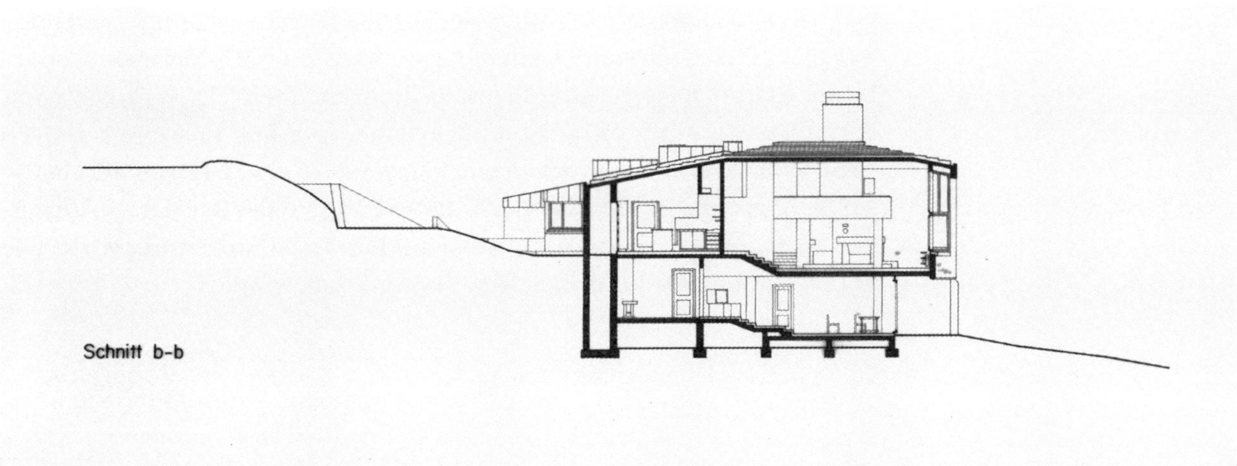

Wohnhaus in Seedorf, Querschnitt, Projektplan

Villa Martha

Kanton: Obwalden
Ortschaft: Sarnen
Standort: Schwanderstrasse 36
Bauherrschaft: J. Britschgi
Architekt: Josef Gasser, Luzern
Typ: Zweifamilienhaus
Baujahre: 1962/1963
Veränderungen: Umbau um 2010

Das am sogenannten Sonnenberg oberhalb von Sarnen 1962/1963 erbaute Zweifamilienhaus gleicht einem Adlerhorst. Aufgrund der Hanglage sind es talseitig zwei Geschosse, die in Erscheinung treten und dem Bau etwas Turmartiges verleihen. Charakterisiert wird das Gebäude durch seine ungewöhnliche Dachform. Ein Pyramidendach sitzt nicht wie üblich so auf dem Baukörper, dass der Grat auf die Gebäudeecke trifft. Dieser kommt, um 45 Grad abgedreht, auf der Mitte der Längsseite zu liegen. An der Längsseite wird das Dach wiederum mit einem die ganze Breite einnehmenden Quergiebel ausgebildet, sodass jede Seite dadurch eine Giebelwand aufweist. Markant tritt zudem der dreiseitig umlaufende, auskragende Balkon mit einer leicht schräggestellten Brüstung in Erscheinung. An der Südseite befindet sich auf dem Niveau der Schwanderstrasse eine Doppelgarage, deren Flachdach die Terrasse ist.

Im Innern bildet der massive Treppenhausblock zusammen mit dem fireplace den Mittelpunkt des Hauses. Im Dachgeschoss ist ein Turmzimmer ausgebildet. Der massive Block durchstösst dort das Dach und macht das Hauszentrum auch von aussen erkennbar. Während die Dachgeschosswohnung in ihrem Charakter eher introvertiert erscheint, ist die Erdgeschosswohnung hell und öffnet mit grossen Panoramafenstern den Blick auf die Sachsler Berge und das Tal der Grossen Melchaa. Diese zwei unterschiedlichen Raumkonzepte könnten darauf zurückzuführen sein, dass das Haus als Zweigenerationenhaus konzipiert war. Dies lassen nicht zuletzt die Projektpläne vermuten.

Anders als Wrights Bauten ist die Villa Martha nicht mit der Umgebung organisch verwoben, sondern steht als Solitär selbstbewusst am Hang. Dennoch ist Wrights Einfluss deutlich: die Wahl der ungewöhnlichen Dachform, die pilzartig auf dem Baukörper sitzt und vom massiven Zentrumsblock durchbrochen wird. Besonders der das Dach durchstossende Block ist ein oft zu beobachtendes Element der Bauten von Wright. Die nach aussen treppenartig ausgebildete Balkonbrüstung wirkt wie ein Band, das sich auf drei Seiten um das Haus windet.

Villa Martha, Teilansicht Nordostfassade

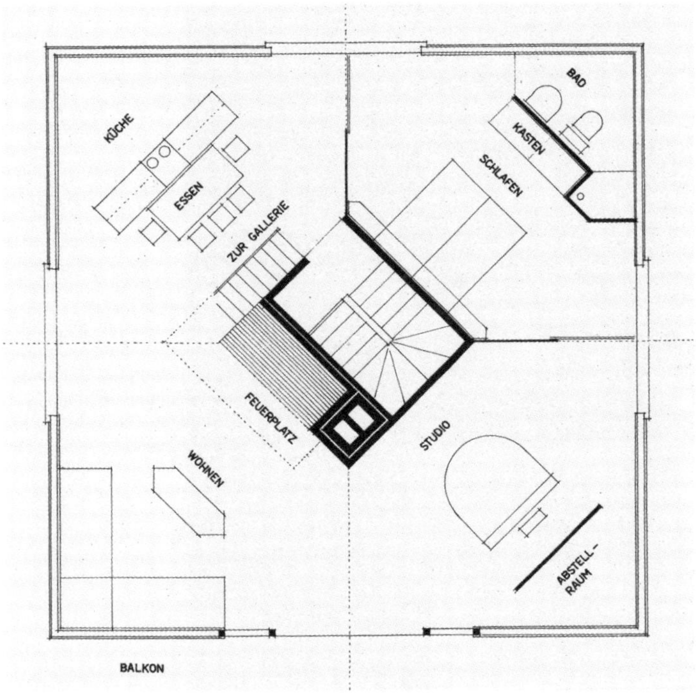

Villa Martha, Grundriss Obergeschoss, Projektplan

Villa Martha, Aufrichte

Villa Martha, Dachgeschoss

Villa Martha, Obergeschoss

Villa Martha, Ansicht von Nordosten

Wohnhaus Wüthrich

Kanton: Nidwalden
Ortschaft: Buochs
Standort: Unterfeld 4
Bauherrschaft: Familie Wüthrich
Architekt: Ernst E. Anderegg, Meiringen
Typ: Einfamilienhaus
Baujahr: 1964
Veränderungen: Renovation 2009
(Architekt Daniel Cavelti, St. Gallen)

Das mit Sicht auf den Vierwaldstättersee gelegene Einfamilienhaus zeigt sich als eingeschossiger Baukörper mit L-förmigem Grundriss. Die Gebäudekomposition – in Mischbauweise (Mauerwerk und Holz) – ist auf einem Raster aufgebaut und mit zwei in der Höhe versetzten Flachdächern abgeschlossen. Der Winkelgrundriss ermöglicht einen privaten Bereich mit einer grosszügigen Vorzone und Pergola. Der Wohn- und Schlafzimmerflügel mit seiner Ausrichtung zum See wird durch die höher gestufte Dachebene hervorgehoben. Die Hausrückseite ist im Gegensatz zur Innenseite geschlossener organisiert und grenzt sich von der Strasse ab, indem einzig Fensterbänder unter den Dachlinien die Sicht nach aussen öffnen.

Der Innenraum ist im offenen Grundriss gestaltet. Der gemauerte Kaminkörper markiert neben dem Zimmer im Obergeschoss das Zentrum des Gebäudes, das als Scharnier wirkt und von dem sich beide Flügel ausstrecken. Die Betongründungsplatte des Hauses reicht über den Grundriss hinaus und bildet eine Terrasse, die das Haus zur Seeseite hin umgibt. Zusammen mit der Pergola greifen Dachüberstände und die Terrassenplatte in den Gartenraum aus und führen den Wohnraum nach aussen fort. Eine elegante Verzahnung, wie sie schon Wright anwandte. Auch der Aussenraum ist vielschichtig gestaltet und in verschiedene Ebenen gegliedert. Es erfolgt eine Abstufung in Richtung See, der angedeutete Geländeabfall unterstützt die Verbindung des Hauses zur umliegenden Topografie. Durch kurze Treppen sind die Gartenebenen miteinander verbunden.

Mit seinem für diesen Gebäudetyp charakteristischen Winkelgrundriss und der Betonung der Horizontalen weist das Haus von Anderegg grosse Ähnlichkeit mit Wrights Usonian Houses auf. Dennoch betonen die Flachdächer zwar die Horizontale, die nur knappe Auskragung sorgt aber für ein kompakteres Erscheinungsbild. Die eigenständige Interpretation Andereggs bedient sich folgender typischer Merkmale Wrights Architektur: die Betonung der Horizontalen durch flache Dachebenen, als Bänder zusammengefasste Fenster und die sorgfältige Verzahnung von Innen- und Aussenraum. Obgleich die Inspiration durch Wright klar erkennbar ist, handelt es sich nicht um eine Kopie der Usonian Houses. Das Haus zitiert sie zwar, die weniger weit auskragenden Dächer lassen die Baukörper jedoch kubischer in Erscheinung treten.

Wohnhaus Wüthrich, Teilansicht von Osten

Wohnhaus Wüthrich, Wohnbereich

Wohnhaus Wüthrich, Ansicht von Südwesten

Wohnhaus Wüthrich, Ansicht Südwest-Fassade, Projektplan

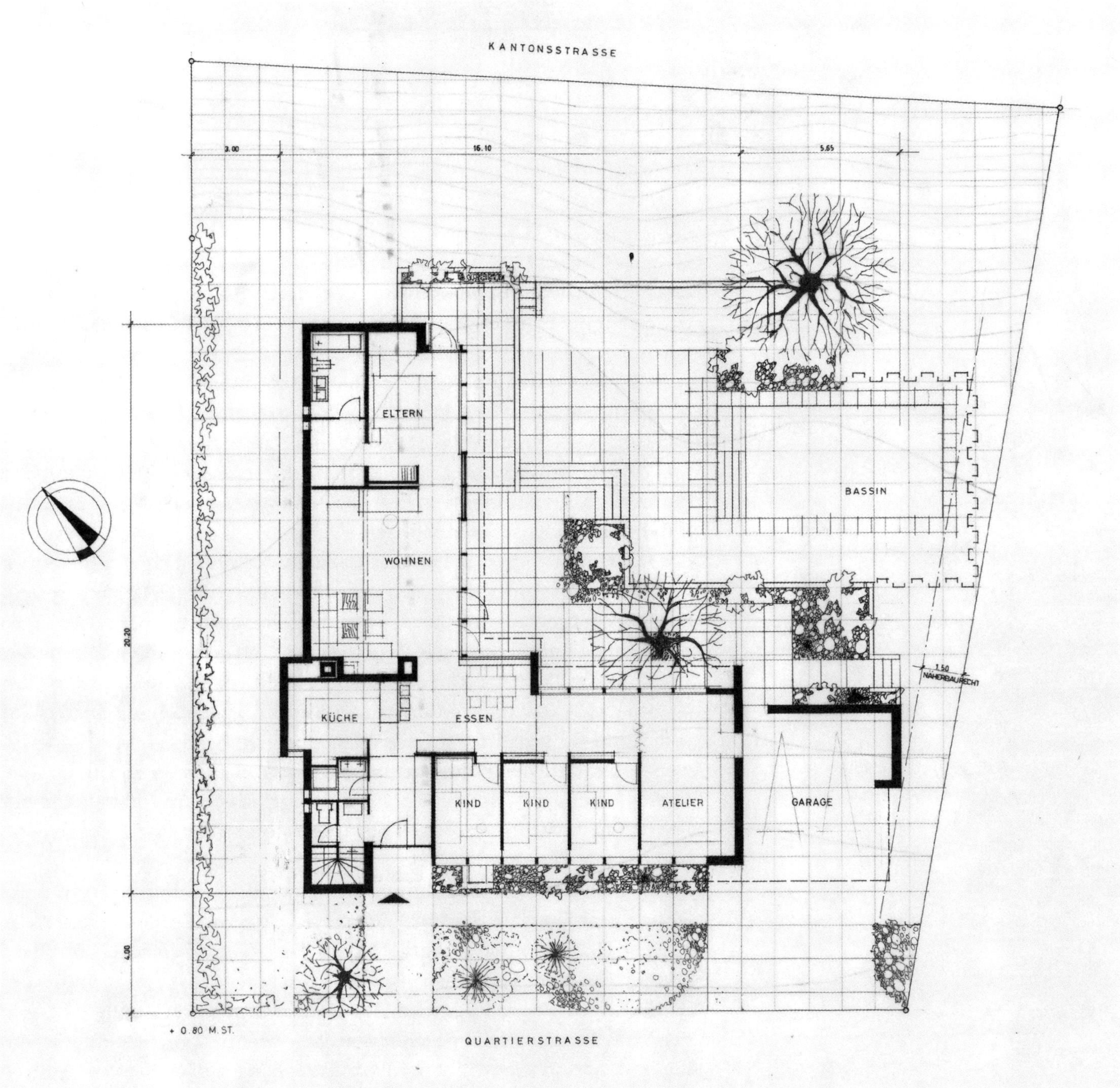

Wohnhaus Wüthrich, Grundriss Erdgeschoss, Projektplan

Ferienhaus Im Schilf

Kanton: Luzern
Ortschaft: Aesch
Standort: Moosstrasse 19
Bauherrschaft: Frank Strauss-Gut
Architektin: Lisbeth Sachs, Ennetbaden
Typ: Ferienhaus
Baujahre: 1965/1966
Veränderungen: unbekannt

Das Ferienhaus Im Schilf inmitten der Uferlandschaft des Hallwilersees wurde für die Familie eines Zahnarztes und Hobbyseglers gebaut, kurz bevor das gesamte Ufergebiet zur Naturschutzzone erklärt wurde.

Schon auf den ersten Blick scheint das Bauwerk von Lisbeth Sachs etwas Organisches zu haben. Der gesamte Entwurf basiert auf der Vermeidung des rechten Winkels. Die Vielfalt an Materialien, Oberflächen und Farbtönen, die sichtbare Holzkonstruktion und der offene, überhohe Wohnraum auf Stützen aus geschälten Holzstämmen erzeugen einen durchwegs archaischen Ausdruck.

Das im Grundriss polygonale Gebäude basiert auf einer achteckigen Grundform, das einen zentralen Betonkern umschliesst. Darum gruppieren sich ein fireplace und eine Küche, die gemeinsam mit dem Betonkern das formale und funktionale Zentrum des Gebäudes bilden. Die aussergewöhnliche Tragstruktur, eine Ständerkonstruktion aus Rundhölzern, spannt das achteckige Volumen auf. Das zeltförmige Schindeldach wird vom Kamin mittig durchstossen. Wandausfachungen in Leichtbauweise wechseln sich in den Fassaden mit vollverglasten Elementen zur Seeseite hin ab. Über dem offenen Wohnraum liegt das Obergeschoss mit vier Schlafkojen. Die innere Erschliessung erfolgt über eine Haupttreppe und leiterartige Aufstiege.

Das Ferienhaus Im Schilf erinnert vor allem im Innern an Wrights Honeycomb House in Stanford, CA, von 1937, dessen Grundriss auf sechseckigen Grundelementen aufgebaut ist. Die Wohnbereiche gliedern sich ähnlich wie beim Ferienhaus in Aesch um einen massiven Kamin- und Sanitärblock, der das Zentrum des Hauses bildet. Die Küche ist gegen den Wohnraum nicht abgeschlossen, genauso wie es bei einem fliessenden Innenraum angestrebt wird. Grössere Fensterflächen werden durch Sprossen gegliedert und erzeugen ein Lichtspiel im Innern.

Ferienhaus Im Schilf, Ansicht von Südwesten

Ferienhaus Im Schilf, Obergeschoss

Honeycomb House, CA (FLLW)

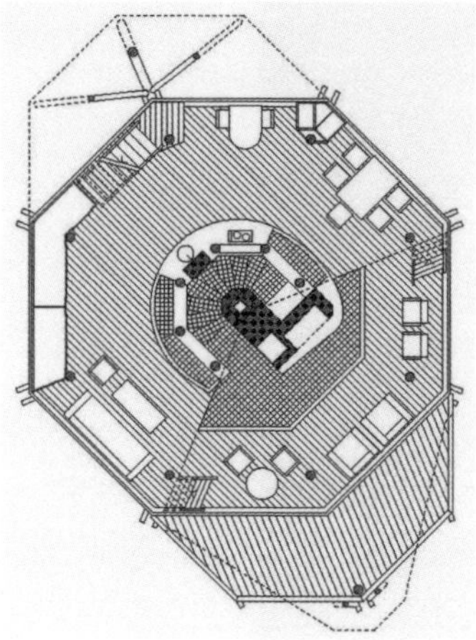

Ferienhaus Im Schilf, Grundriss Obergeschoss

Ferienhaus Im Schilf, Aufrichte

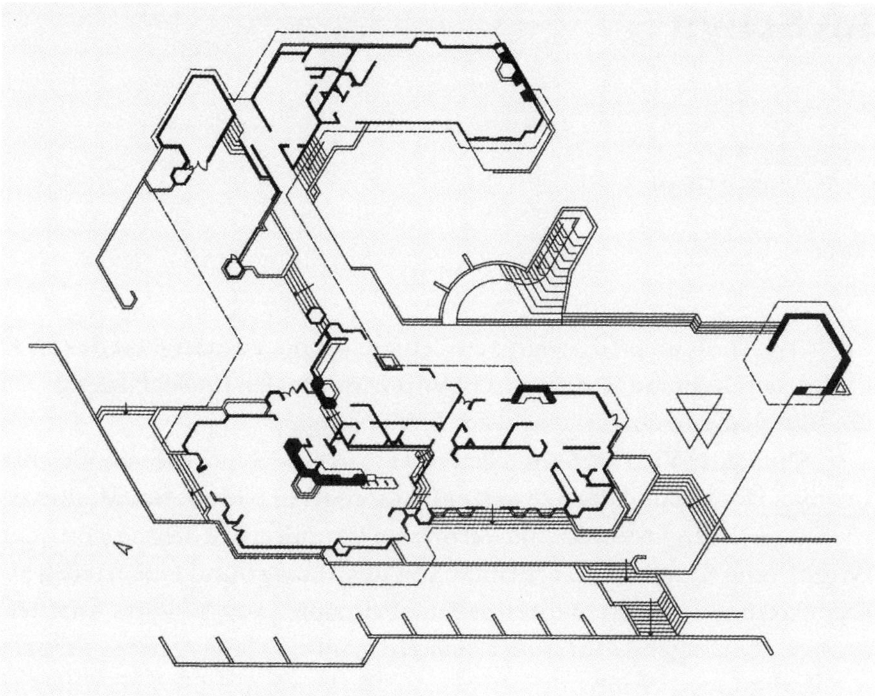

Honeycomb House, CA (FLLW), Grundriss

Im Schyn

Kanton: Nidwalden
Standort: am Hang
Bauherrschaft: Dr. A. S. Reynolds
Architekt: Werner Aebli, Prof. Bernhard Hoesli, Zürich
Typ: Villa
Baujahr: 1966
Veränderungen: unbekannt

Im Schyn stellt einen der wenigen Zeugen für die Bautätigkeit des ETH Professors Bernhard Hoesli dar. Die Villa wurde in den 1960er Jahren durch die Bürogemeinschaft mit Werner Aebli realisiert.

Mit seiner Villa Im Schyn gelang Hoesli eine Synthese von Wrights Usonian Houses und der Schweizer Landschaft in Nidwalden. Merkmale wie Übereckverglasungen und ein offener Grundriss, in dessen Mitte der Wright'sche fireplace als zentraler Teil des Hauses und gleichzeitig als Raumtrenner fungiert, deuten auf die Prinzipien von Wrights Architektur hin. Im Eingangsflur findet sich ein original bleiverglastes Fenster von Frank Lloyd Wright, dessen genaue Herkunft nicht in Erfahrung gebracht werden konnte.

Das Besondere besteht darin, dass die Horizontale nicht durch flache Giebeldächer oder Flachdächer wie beim Haus Wüthrich gebildet wird. Die bewusst über die Gebäudetrakte gespannten Giebeldächer weisen optisch schwere Dachränder auf und nehmen dadurch Elemente der umgebenden Berglandschaft auf. Im Sinne der Organischen Architektur wird Wrights Präriehaus als «Villa in einer Berglandschaft» neu interpretiert, die durch die Gebäudekomposition und durch die Verzahnung mit dem Terraingefälle auf Taliesin East hinweist.

Im Schyn, Ansicht von Westen

Im Schyn, Ansicht von Westen

Im Schyn, Gesamtansicht von Süden

Im Schyn, Teilansicht von Nordwesten

Im Schyn, Teilansicht von Nordosten

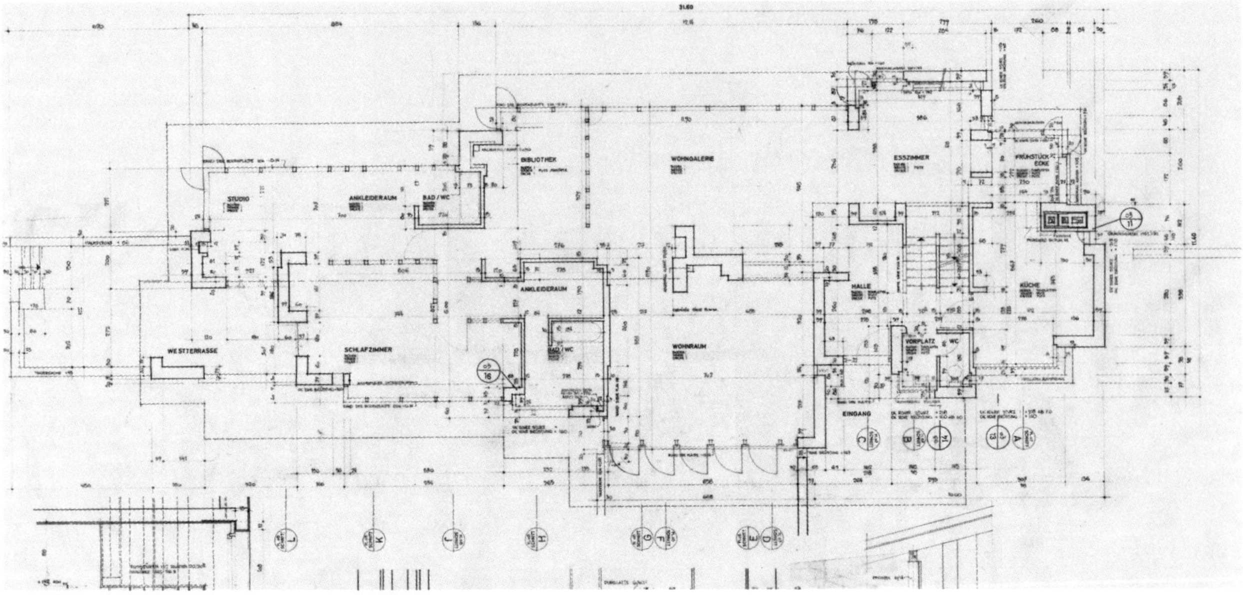

Im Schyn, Grundriss Wohngeschoss, Ausführungsplan

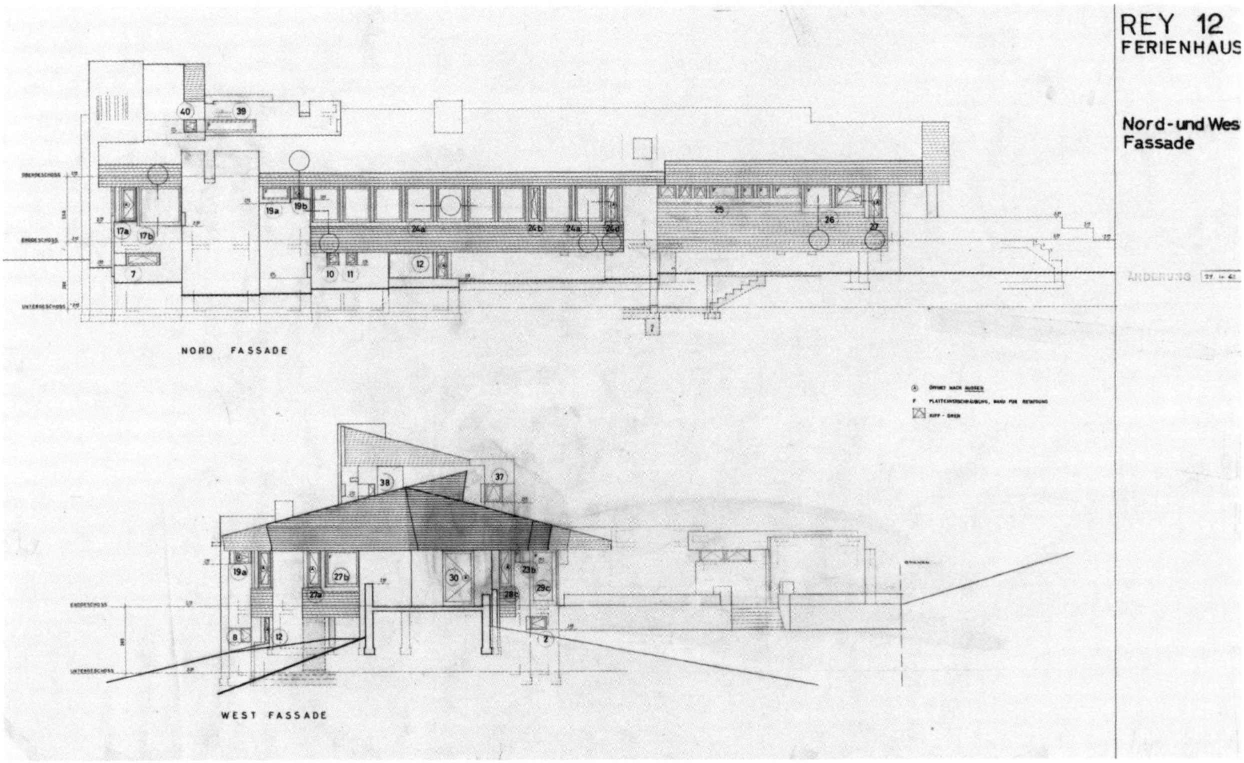

Im Schyn, Fassadenpläne

Im Schyn, Wohnbereich

Villa Bisig

Kanton: Schwyz
Ortschaft: Egg bei Einsiedeln
Standort: genauer Standort nicht bekannt
Bauherrschaft: unbekannt
Architekt: Walter Philipp, Waldenburg, Deutschland
Typ: Einfamilienhaus
Bauzeit: 1970er Jahre
Veränderungen: 2004 Renovation

Von aussen scheint es, als könne die Villa Bisig von Wright selbst stammen. Der Blick auf die Berg- und Seelandschaft begleitet die Bewohner durch das ganze Haus. Der Traum des Besitzers Emil Bisig, der die Villa 2004 kaufte, ein «grosses, spezielles Haus zu kaufen», ging damit in Erfüllung.

Die Anordnung des Grundrisses erinnert stark an Wrights rasterbasierte Entwürfe, die einen rechten Winkel zu vermeiden suchen, wie etwa beim Honeycomb House von 1937 in Stanford, CA, oder dem Boomer House in Phoenix, AZ, von 1953. Der Gestaltung liegt die Form eines gleichschenkligen Dreiecks und eines Oktogons zugrunde (hexagonaler Raster). Der Grundriss ist offen gestaltet, es gibt keine geschlossenen Räume. Durch die Materialien Lärchenholz, Naturstein und Glas wirkt das Bauwerk wie ein Teil der Landschaft. Das Natursteinmauerwerk erinnert an das «desert masonry» in Taliesin West, Scottsdale, AZ. Auch im Inneren scheint das Gebäude eine Ansammlung von Wright-Merkmalen aufzuweisen: Über drei Treppenstufen erreicht man die Wohnzimmerebene, weitere drei Stufen führen in den sieben Meter hohen, offenen Kaminraum. Der durch Lage und Betonung als Zentrum des Hauses wahrgenommene fireplace wird auch von aussen als bewusst hervortretender Mittelpunkt betont. Die beiden Terrassen unter dem Schutz der leicht geneigten und weit auskragenden Dachfläche inszenieren den Blick auf den Sihlsee und erzeugen gleichzeitig ein Gefühl der Geborgenheit.

Villa Bisig, Teilansicht Seefront

Villa Bisig, Ansicht Seefront

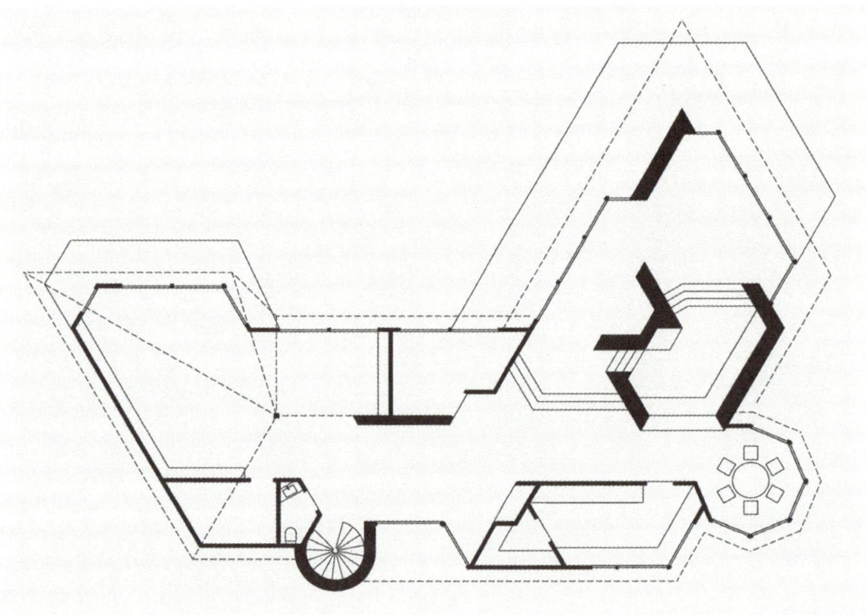

Villa Bisig, Grundriss Wohngeschoss

Villa Bisig, Wohnbereich, fireplace

Villa Bisig, Seitenansicht

Villa Bisig, Terrasse

Wohn- und Geschäftshaus Feldstrasse

Kanton: Luzern
Ortschaft: Grosswangen
Standort: Feldstrasse 1
Bauherrschaft: unbekannt
Architekt: Guido Oberholzer, Luzern
Typ: Wohn- und Geschäftshaus
Baujahr: um 1979/1980
Veränderungen: unbekannt

Das längliche Gebäude in der Dorfmitte von Grosswangen ist in Sichtmauerwerk gebaut und wird von einem flach geneigten Walmdach, das die Vor- und Rücksprünge der Gebäudekomposition aufnimmt, abgeschlossen. Mit lediglich zwei Vollgeschossen wirkt der Bau durch seine längliche Grundform horizontal betont. Die Fassadengestaltung mit in Beton gegossener Sockelpartie und in gleicher Art gestalteten, durchgehenden Gurtgesimsen verstärkt diesen Eindruck zusätzlich. Es gibt eine Arkade zur Strasse hin, die den Übergangsbereich zwischen Parkplatz und Hauseingang bildet. Auffällig ist der Detailreichtum: Dachuntersichten sind stark strukturiert, Dachränder besitzen wulstartige Abschlüsse und wirken dennoch filigran. Erkerartige, dreieckige Vorsprünge verdeutlichen das Spiel mit Formen.

Mehrere Elemente lassen das Robie House in Chicago, IL, als Vorbild für das Wohn- und Geschäftshaus in Grosswangen vermuten. Insbesondere der rötliche Sichtbackstein und die Mauerabschlüsse oder die Gurtgesimse zeigen eine Verwandtschaft mit dem Haus in Chicago. Gleiches gilt für die Dachlandschaft, die als Spiel mit den Walmdächern dem Gebäude eine gewisse Grosszügigkeit verleiht.

Wohn- und Geschäftshaus Feldstrasse 1, Ansicht von Osten

Wohn- und Geschäftshaus Feldstrasse 1, Ansicht von Nordwesten

Wohn- und Geschäftshaus Feldstrasse 1, Teilansicht Westfassade

Robie House, IL (FLLW)

Wohnhäuser am Brodhubel

Kanton: Obwalden
Ortschaft: Sachseln
Standort: Brodhubel
Bauherrschaft: verschiedene
Architekt: Hans Ringeisen, Sachseln
Typ: Einfamilien- und Zweifamilienhäuser
Baujahre: Ende 1970er bis frühe 1990er Jahre
Veränderungen: unbekannt, verschieden

Am nördlichen Ende der Gemeinde Sachseln lässt sich am Hang und mit Blick auf den Sarnersee eine ganze Siedlung mit architektonisch ähnlichen Bauten finden. Ihnen ist insbesondere die Dachform gemein: Rautenförmige grosse Dachflächen, die flügelartig fast bis zum Boden reichen, spannen sich über eine talseitig vollverglaste Fassade. Auf der seezugewandten Seite bildet das weit auskragende Giebeldach eine schützende Vorzone. Holzständer bis unter das Dach gliedern die verglasten Fassaden. Diese Ständer tragen die schweren Pfetten, die wiederum als Auflager des als Scheibe wirkenden Daches dienen.

Die Gebäudeform erinnert an zwei Architekten: Frank Lloyd Wright und Ernst E. Anderegg. Anderegg baute vorwiegend im Berner Oberland mehrere Häuser dieser Art, darunter in Innertkirchen das bekannte Haus Hommel. Es weist dieselbe Dachform und Südfassade auf wie die Gebäude in Sachseln. Doch auch das Haus Hommel scheint auf etwas zu referieren, nämlich Wrights Boomer House in Phoenix, AZ, dem wohl nicht zufällig das gleiche Raster zugrunde liegt wie diesem Ferienhaus.

Wie Wright und Anderegg gelingt es auch Ringeisen, Innen und Aussen zu verzahnen. Es sind nicht Wrights Präriedächer, die für diese Lage am Hang gewählt wurden, sondern die spezielle Form des Zeltdaches als Antwort auf die spezifische Topografie. Das Dach stellt das prägende Gestaltungsmittel dar, ist dementsprechend konsequent geformt und bildet das schützende Element des Innenraums trotz weitgehender Vollverglasung.

Brodhubel 12, Detailansicht

Brodhubel 12, Ansicht von Südwesten

Brodhubel 10, Ansicht von Südwesten

Brodhubel 17, Ansicht von Westen

Haus Hommel, Innertkirchen, BE (Ernst E. Anderegg)

Haus Hommel, Innertkirchen, BE (Ernst E. Anderegg)

Haus Boomer, AZ (FLLW)

Haus Boomer, AZ (FLLW), Teilansicht

Recherchen

Heimbachschulhaus

Besichtigung der Autorin
am 19. Mai 2023
Wirz 1985, S. 25 – 30
Meyer 1977, S. 186f.
Gespräch mit Heinz Horat
am 15. Mai 2023
Kanton Luzern, Denkmalpflege
und Archäologie, Bauinventar
Stadt Luzern
Homepage Josef Gasser

Villa Schnyder

Besichtigung der Autorin
am 12. April 2023
Kanton Luzern, Denkmalpflege und
Archäologie, Bauinventar Littau
Habegger 2015, Gutachten zur
Schutzwürdigkeit des Bauwerks
(Archiv Denkmalpflege Luzern)
Kunz 2017, Restaurierungskonzept,
Entwurf Stand 171127 (Archiv
Denkmalpflege Luzern)
Hennig, Meyer 2009, S. 275

Auf Oberrüti

Besichtigung der Autorin
am 18. Juni 2023
Kanton Luzern, Denkmalpflege und
Archäologie, Bauinventar Horw
Homepage Josef Gasser
Kief-Niederwöhrmeier 1983,
S. 124 – 130 (Jacobs House II)

Ferienhaus am See

Besichtigung durch die Autorin
am 1. Mai 2023, Führung durch
Prof. Max Steiger
Gadola 2013, S. 136ff.

Terrassenhäuser

Bauforum Zug 2013, S. 50
Jenatsch, Krucker,
Bauforum Zug 2006
Kanton Zug, Kantonale Denkmal-
pflege, Bauinventar Stadt Zug

Wohnhaus Schärli

Gespräch mit Stefan Schärli am
12. April 2023
Jeschko, Rimer 2019, S. 1ff.
Schärli 2005, S. 63 – 72

Wohnhaus in Seedorf

Besichtigung durch die Autorin am
10. Juni 2023, Führung durch
Marianne und Sepp Stierli-Tschopp
Akten Bauverwaltung
Gemeinde Seedorf

Villa Martha

Besichtigung der Autorin
am 1. Mai 2023
Nachlass Josef Gasser HSLU

Wohnhaus Wüthrich

Kanton Nidwalden, Kantonale
Denkmalpflege, Bauinventar
Gemeinde Buochs
Bilder und Planmaterial von
Architekt Daniel Cavelti, St. Gallen

Ferienhaus Im Schilf

Besichtigung der Autorin
am 1. Mai 2023
Gadola 2013, S. 148ff.
Kanton Luzern, Denkmalpflege und
Archäologie Bauinventar Aesch
Kief-Niederwöhrmeier 1983,
S. 89 – 94

Im Schyn

Fachstelle für Denkmalpflege
Kanton Nidwalden, Bauinventar
Auskunft durch Sebastian Geisseler:
E-Mail vom 27. März 2023, Gespräch
vom 20. April 2023

Villa Bisig

Website Philipp-Architekten
(https://www.philipparchitekten.de):
https://www.philipparchitekten.de/
villen/bisig, https://www.philippar-
chitekten.de/office/wurzeln

Wohn- und Geschäftshaus Feldstrasse

Besichtigung der Autorin
am 7. Mai 2023.

Wohnhäuser am Brodhubel

Besichtigung der Autorin
am 9. April 2023
Wolf 2011, S. 14 – 23
Kief-Niederwöhrmeier 1983, S. 331f.
Klein 1989, S. 57 – 62

Von Wright beeinflusste Architekten

Im Folgenden werden die Architekten und die Architektin der oben untersuchten Gebäude sowie weitere, die in ihrem Bauen in der Zentralschweiz von Wright inspiriert waren, näher vorgestellt. In diesem Teil wird untersucht, inwiefern sich die in den Gebäudeanalysen gefundenen Übereinstimmungen mit Wrights Architektur erklären lassen. Architekten, deren Zentralschweizer Bauten Wright-beeinflusst scheinen, in deren Biografie sich aber keine Verbindung zu Wright finden lässt, werden am Schluss des Kapitels aufgelistet.

Ernst E. Anderegg

1928 – 2006

In Meiringen, Berner Oberland, geboren, absolviert Anderegg die Lehre als Bauzeichner und diplomiert anschliessend 1951 am Technikum Burgdorf in Architektur. [39] Darauf reist er nach Paris, um in verschiedenen Architekturbüros zu arbeiten, wo er unter anderem École-des-Beaux-Arts-Details konstruiert. [40] Wrights Bauten sollen bei Anderegg schon während seiner Ausbildungszeit grosses Interesse geweckt haben. Als er 1952

Ferienhaus Hommel von Ernst E. Anderegg in Innertkirchen, BE

121

die Wright-Ausstellung *60 Years of Living Architecture* in Zürich besucht, bekräftigt das seinen Entschluss, nach Taliesin zu gehen und dort Wrights Architekturprinzipien zu erlernen. Bevor er seinen Entscheid endgültig fällt, bespricht er sich mit Werner Max Moser, der ihm den Taliesin-Aufenthalt sehr empfiehlt. 1953 reist Anderegg in die USA und arbeitet dort erst bei verschiedenen anderen Architekten – darunter zwei Jahre im Büro von John Steinmann in Monticello – bis er 1955 als Apprentice in die Taliesin Fellowship eintritt. Die zwei Jahre, die er bei Wright verbringt, prägen Anderegg stark. Dass er beginnt, Wrights Architektur zu seiner eigenen zu machen, zeigt sich an den «Box Projects». Dies sind eigene Entwürfe der Studierenden in Taliesin zu einem ausgewählten Thema, die sie einmal jährlich vortragen. Anderegg entwirft dafür 1955 ein Gebäude nach Wright'schen Prinzipien für das Berner Oberland. Mit einem dominanten Pyramidendach zeigt es damals schon die Idee, die Anderegg nach seiner Rückkehr in die Schweiz und der Eröffnung seines eigenen Architekturbüros 1957 in Meiringen weiterentwickelt.[41] Sein erstes Bauwerk, das Ferienhaus Alexander in Hasliberg (1958), steht unter so starkem amerikanischem und für die Schweiz neuartigem Einfluss, dass die Gemeinde daraufhin ihre Bauvorschriften verschärft.[42] Die Schweiz befindet sich Ende der 1950er Jahre in einem Ferienhausboom, und Andereggs Wohn- und Ferienhäuser im Berner Oberland bilden eine Alternative zum beliebten Chalet.[43] Gebäude wie etwa das Ferienhaus Hommel von 1962 werden zu Andereggs Stil: das ausladende Dach, das sich zeltartig über die vollverglaste Fassade vom Sockel bis zum First spannt, das Prinzip des Einraumhauses oder des Nurdachhauses, in dem alle Zimmer eine grosse Raumeinheit bilden, die leicht wirkende Ständerkonstruktion aus

Wohnhaus Glatthard von Ernst E. Anderegg in Meiringen, BE

Holz auf einem massiven Mauerblock, dessen Form in die Landschaft integriert ist. Diese Elemente werden kennzeichnend für den Grossteil seines Werkes. Bei seinem «alpinen Bautypus», zu dem unter anderem die Häuser Alexander und Hommel gehören, ist das Dach prägendes Gestaltungselement. Sorgfältig inszeniert sind die Ausblicke durch die verglasten Fassaden auf die Berglandschaft. Anderegg bezeichnet seine Architektur als «emotionale Architektur». [44]

Heinrich Bernhard Hoesli

1923 – 1984

Nach seinem Abschluss an der ETH Zürich 1948 arbeitet der Zürcher Heinrich Bernhard Hoesli bis 1950 bei Le Corbusier in Paris und in dessen Büro in Marseille. 1951 tritt er eine Professur an der School of Architecture der University of Texas in Austin an, wo er sich intensiv mit der modernen Entwurfslehre und damit verbunden auch mit der Architekturgeschichte auseinandersetzt. Nach seiner Rückkehr wird Hoesli 1958 Assistent von Werner Max Moser an der ETH Zürich. 1960 wird er zum ausserordentlichen und 1968 zum ordentlichen Professor ernannt und übernimmt die Leitung der Architekturabteilung. Gegenstand seiner Lehre bildet die Untersuchung der als eine abgeschlossene Epoche aufgefassten modernen Architektur. Darunter fällt die ausführliche Analyse der grossen Architekten Le Corbusier, Mies van der Rohe und Frank Lloyd Wright. Hoesli wirkt in erster Linie als Architekturlehrer und weniger als praktizierender Architekt. Unter diesen gehört er zu den einflussreichsten Persönlichkeiten der Schweizer Architektur nach 1945. Werke aus seiner praktischen Tätigkeit begrenzen sich auf die Jahre von 1958 bis 1970, von denen die meisten in Zusammenarbeit mit Werner Aebli (1925 – 2011) entstanden und Hoesli als Bewährungsprobe seiner theoretischen Ansätze dienten. [45]

Josef Gasser

1925 – 2018

Der Luzerner Architekt Josef Gasser diplomiert 1949 an der ETH Zürich und arbeitet in den Folgejahren bei Hermann Frey (1908 – 1980) in Olten und Solothurn. 1952 gründet er sein eigenes Büro in Luzern. [46] Zu Beginn seines Studiums ist Gasser in erster Linie von der skandinavischen, speziell der finnischen Architektur inspiriert. Doch seine Umgebung ist, so schreibt er später auf seiner Website, geprägt vom Werk der Architekten Le Corbusier, Mies van der Rohe und Walter Gropius, deren Architektur er als nüchtern, kalt und einseitig rational wahrnimmt. Publikationen machen Gasser schliesslich auf Frank Lloyd Wright aufmerksam. Kurz nach Gassers Studium veröffentlicht Werner Max Moser seinen Bildbericht zur sehr populären Ausstellung über Frank Lloyd Wright in Zürich. Ausserdem kommt Gasser durch seinen Mitstudenten Dion Neutra (1926 – 2019), Sohn des berühmten Architekten Richard Neutra (1892 – 1970), der wiederum mit Frank Lloyd Wright bekannt war, mit den architektonischen Prinzipien Wrights in Kontakt. Gasser ist so begeistert von Wrights Architektur, dass er sich entschliesst, nach Amerika zu reisen und sich der Taliesin Fellowship, Wrights Arbeits- und Lebensgemeinschaft, anzuschliessen. Auf diesen Traum muss er allerdings «schweren Herzens» verzichten, weil er beim Architekturwettbewerb des Neubaus für die Gewerbeschule Heimbach in Luzern den ersten Preis gewinnt und den Auftrag zur Ausführung erhält. In der Folge bleibt Gasser in der Zentralschweiz und realisiert zahlreiche weitere Gebäude. Seine Philosophie beinhaltet, neben den Prinzipien Wrights, das Schaffen einer «human-menschlichen, ökonomisch-organischen, modern-zeitlosen Architektur». Auf seiner Website bestätigt Gasser: «Obwohl ich nicht in persönlichem Kontakt mit dem grossen Meister sein konnte, hat er mein Werk wesentlich geprägt und beeinflusst.» [47]

In den 1980er Jahren arbeiten Gasser und der US-amerikanische Architekt David Dodge (1930 – 2021) an einem Wettbewerbsbeitrag für den Neubau des Kunst- und Kongresszentrums in Luzern. Laut Plänen entwerfen sie ihr Projekt Seekristall unter dem Namen Taliesin Associated Architects, Arizona, USA. [48] David Dodge spielt in Zusammenhang mit Frank Lloyd Wright und seinem Architektureinfluss in der Schweiz eine bedeutende Rolle. Darum soll an dieser Stelle auf diese im Kontext der Untersuchung relevante Persönlichkeit eingegangen werden, obgleich Dodge abgesehen vom Seekristall-Projekt in der Zentralschweiz nie selbst praktizierend tätig war.

Josef Gasser (links) und David Dodge am Projekt Seekristall arbeitend

Projekt Seekristall von Josef Gasser und David Dodge

David Elgin Dodge

1930 – 2021

Der Architekt und Komponist David Dodge wird in London als Enkel des Automobilherstellers Horace Elgin Dodge Sr. (1868 – 1920) geboren. Es ist der Vorschlag seiner Mutter, dass Dodge Mitglied der Taliesin Fellowship wird, nachdem sie in Wrights Imperial Hotel in Japan gewesen war und der Aufenthalt ihr ausserordentlich gefallen hatte. So wird Dodge in den frühen 1950er Jahren als Apprentice in Taliesin aufgenommen und verbringt seine Zeit in Taliesin East und West damit, Gebäude auf der ganzen Welt zu entwerfen, wobei er den Prinzipien der Wright'schen Schule meist treu bleibt. 1966 lernt er auf einer Reise in die Schweiz seine zukünftige, aus Deutschland stammende Frau kennen. Nach der Heirat wohnt das Paar einige Jahre in der Schweiz und Dodge arbeitet gelegentlich mit dem ehemaligen Taliesin Apprentice Ernst E. Anderegg zusammen. Auch nach ihrer Rückkehr nach Taliesin verbringen Dodge und seine Frau die Sommermonate in der Schweiz. In den USA arbeitet Dodge als Mitglied der Taliesin Architects und entwirft zahlreiche Häuser. Er und seine Frau werden zu festen Mitgliedern der Taliesin Fellowship.[49] Dodge war Mitglied im Bund Schweizer Architekten BSA.

Dass Gasser gemeinsam mit einer Taliesin-Persönlichkeit wie Dodge an einem Projekt arbeitete, unterstreicht abermals die Faszination des Luzerner Architekten für Wrights Werk und den Grad seiner Beeinflussung durch ihn.

Lisbeth Sachs

1914 – 2002

Die bei Baden im Aargau geborene Lisbeth Sachs absolviert ihr Architekturstudium an der ETH Zürich 1939. Nach ihrem Abschluss tritt sie zwei für ihr zukünftiges architektonisches Schaffen bedeutsame Auslandspraktika an: in Stockholm bei dem schwedischen Architekten Sven Ivar Lind (1902 – 1980) und in Helsinki bei Alvar Aalto (1898 – 1976), dessen organische Auffassung des Bauens sie stark beeindruckt. Prägend sind diese beiden Erfahrungen nicht nur in Hinblick auf ihre spätere Architekturpraxis. In Schweden und Finnland erlebt Sachs die berufstätige Frau als eine Selbstverständlichkeit. Sachs wird eine der ersten selbstständigen Architektinnen in der Schweiz.[50] Kurz nach ihrem Abschluss gewinnt sie den Wettbewerb für den Neubau des Kurtheaters in Baden. Die Realisierung wird allerdings – als Folge des Kriegsausbruches und finanzieller Schwierigkeiten der Theaterstiftung – um einige Jahre verzögert. Diese Zeitspanne überbrückt Sachs finanziell mit dem Bau zweier Einfamilienhäuser, Anbauten, Renovationen und publizistischen Tätigkeiten für die Zeitschrift *Werk*. Sie arbeitet in verschiedenen Architekturbüros und reist schliesslich 1949 nach Taliesin East in Wisconsin. Wright wird für Sachs prägend. Dennoch heisst es in ihrer Monografie, sie habe nie den Wunsch verspürt, Wright, Aalto oder Lind nachzuahmen: «Das Vorbild ihrer Arbeitsweise trieb mich eher an, selbst, ganz bescheiden und intensiv zu suchen. Dazu setze ich mir für meine Aufgaben jeweils praktische und ideelle Ziele, um sie teils intuitiv zu erreichen.» Wie Wrights Architektur Sachs auf ihrer Suche nach einer eigenen Architektursprache beeinflusst, verdeutlicht ihre Beschreibung von Wrights Jacobs House II (Solar Hemicycle): «Ich besuchte das Haus eines Journalisten, hinter einem Wäldchen gelegen. [...] Das Ganze eine Art von Werkstatt fürs Leben. Als solche, als Werkstatt für das Leben, empfand ich auch später meine eigenen Entwürfe für das Wohnen, wie für die öffentlichen Bauten. Nicht aufdringlichen Perfektionismus, anregende Hüllen sollen sie bieten.» Diese «Werkstatt für das Leben» scheint Sachs in der organisch orientierten Architektur Aaltos und Wrights zu finden. Die Einfamilienhäuser, die Sachs in den 1960er Jahren baut, folgen ihren eigenen organischen Prinzipien. Organisches Bauen bedeutet für Sachs, Strukturen der Natur in ihrer Architektur aufzugreifen. Das können wie bei Sachs' Jugendhaus-Projekt Amöben und Walnüsse sein oder wie beim Kurtheater seesternartige Stahlkonstruktionen. In diesem Zusammenhang sei auch eine Beeinflussung durch Le Corbusier zu nennen, zu der sich Sachs schon frühzeitig bekennt und der ebenfalls organische Ansätze verfolgt: «Le motif organique est ainsi devenu le signe du plan libre.» Die Funktion des Jugendhauses, sich durch das Schaffen grösserer und kleinerer Räume an verschiedene, sich jederzeit verändernde Bedingungen anzupassen, ist dem Organismus eines Wechseltierchens nachempfunden.[51]

Neben dem organischen Ansatz pflegt Sachs ausserdem eine experimentelle architektonische Herangehensweise und widmet sich in ihrer publizistischen Tätigkeit Alvar Aalto, Pier Luigi Nervi und Frei Otto (1925–2015), dessen Bekanntheit in der Schweiz sie fördert.[52]

Otto Schärli

1930–2005

Der Luzerner Architekt Otto Schärli diplomiert 1954 an der ETH Zürich. Noch im selben Jahr gründen er und seine Brüder Rudolf und Alfred Schärli nach dem Tod des Vaters die Gebrüder Schärli, Dipl. Architekten ETH. Noch während Schärlis Studium gewinnt er 1953 seinen ersten Wettbewerb für das Wohn- und Geschäftshaus Wiener in Luzern. Wie seine weiteren Werke zeigt es Elemente der Stilrichtung des Neuen Bauens,

Kirche der Dominikanerinnen von Bethanien, St. Niklausen, Kerns, Otto Schärli

beeinflusst von der Architektur Le Corbusiers, Mies van der Rohes und Albert Zeyers (1895 – 1972). Spätere Begegnungen mit dem Philosophen Jean Gebser (1905 – 1973) und die Zusammenarbeit mit dem Künstler Hugo Kükelhaus (1900 – 1984) ab 1969 nehmen laut Schärli ebenfalls entscheidenden Einfluss auf sein architektonisches Schaffen.[53] Wann Schärli das erste Mal mit Wrights Architektur in Kontakt kommt, ist unklar. In seiner Monografie *Leib-Bewegung-Bau: Suche nach der Ganzheit des Lebens* schreibt er zu seinem Besuch von 1990 in Taliesin East: «In einigen Präriehäusern konnte ich Wrights Gestaltungsprinzipien, die ich aus Büchern schon längst kannte [...] endlich real kennen lernen und erleben.» Wrights Frühwerk kann Schärli 1967 bei einem Besuch in Oak Park, Chicago, begutachten: «Wir konnten das Haus mit Studio besuchen, das Wright mit seiner Familie bewohnt hatte. Ich war fasziniert.» Schärli verknüpft damals den Besuch der Expo 67 in Montreal mit dem Besuch bei Verwandten in Oak Park, wo er neben Wrights Architektur auch Bauten von Bertrand Goldberg (1913 – 1997), Mies van der Rohe und dessen Schüler Philip Johnson (1906 – 2005) besichtigt, die ihn gleichfalls zu beeindrucken scheinen. Im Gegensatz zu 1967 steht bei Schärlis USA-Reise von 1990 ausschliesslich Wright im Mittelpunkt. Es handelt sich um eine Studienreise, organisiert vom Bund Schweizer Architekten BSA, um Bauten von Wright kennenzulernen und Wright'sches Planmaterial im Phoenix Art Museum zu studieren. Die Schweizer Architekten werden von David Dodge, den Schärli in der Luzerner Sektion des BSA bereits kennengelernt hatte, durch Taliesin West geführt. Eine für Schärli «seit langem gewünschte Begegnung mit Bauten von Frank Lloyd Wright».[54] In seiner Monografie ausführlich wiedergegeben schildert Schärli seine Architekturphilosophie, in der wichtige Prinzipien Wrights wie die Organische Architektur enthalten sind. Schärli fasst Architektur als «projizierte Leiblichkeit des Menschen» auf. In Analogie dazu stellt der Übergang von Innen und Aussen eines Gebäudes die «Haut» dar. Schärli argumentiert, dass die Qualität dieser Haut von ihrer Durchlässigkeit abhängt, verglichen mit der menschlichen Haut, die atmen können muss. An Wrights Verzahnungsmethoden erinnernd, zeigt sich diese Überlegung bei Schärlis Architektur in Vordächern, Arkaden und eingezogenen Eingangspartien, um den Übergangszonen eine räumliche Tiefe zu verleihen und sie «erlebnisreich» zu machen. Schärli entwirft Architektur als «Erlebnisprozess des wahrnehmenden Menschen», der in den Mittelpunkt gestellt wird. Das bedeutet, dass die Raumkonzeption vom Menschen als Erlebnis wahrgenommen werden soll. Die Zeitgestaltung von Erwartung, Erfüllung und Erinnerung des Menschen wird in den Entwurf integriert: «Wer sich auf eine Veränderung der räumlichen Situation zubewegt (zum Beispiel Knick eines Korridors), entwickelt im Gehen eine Erwartung. Am Ort angekommen, tritt die Erfüllung ein und im Weggehen bleibt das Ereignis als Erinnerung zurück. [...] Mit solchen Einheiten kann gestaltet werden.» In diesem Kontext ist ausserdem Schärlis Art der Lichtführung zu sehen, die zusammen mit der Dachform erzeugt wird und dem Raum, wie bei Wright, etwas Plastisches verleihen soll.[55]

Viele der in Schärlis Monografie angesprochenen und dargelegten Überlegungen deuten auf Wrights architektonische Prinzipien hin, scheinen aber teilweise abgewandelt und weitergeführt. Im Abschnitt seiner eigenen Architekturinterpretation erwähnt Schärli Wright nicht. Allerdings fällt auf, wie stark die architektonischen Elemente und Details, die Schärli als Beispiele seiner aufgeführten Konzepte nennt, Wrights Architektur gleichen.

Fritz Stucky

1929 – 2014

Gerade ein Jahr Architekturstudium hatte der in Basel geborene Fritz Stucky hinter sich, als er 1950 durch Vermittlung von Werner Max Moser als Taliesin-Fellow aufgenommen wird. Die zwei Jahre, die er bei Wright verbringt, werden sein Verständnis von Architektur unverkennbar beeinflussen. Sein Studium setzt er 1952 in Seattle fort und reist 1955 in die Schweiz zurück. 1956 – 1969 führt er zusammen mit Rudolf Meuli das Architekturbüro Stucky und Meuli. Die Jahre des Aufschwungs nach dem Zweiten Weltkrieg und das markante Bevölkerungswachstum prägen Stuckys Schaffen. Das von Stucky und Meuli entwickelte Variel-System, ein Beton-Fertigbauteilsystem und ein frühes Beispiel der Modulbauweise, war ganz den damals viel diskutierten Thesen des industriellen Bauens verpflichtet. Die Nachfrage nach einem solchen System war während des Baubooms der 1960er Jahre sehr gross. 1961 gründen die beiden Architekten die Firma Elcon AG, eine Entwicklungs- und Lizenzfirma für das Variel-System. 1975 hat die Elcon AG weltweit Produktionsanlagen.

Das schweizweit erste Terrassenhaus entsteht durch Stucky und Meuli im Kanton Zug und ermöglicht neu eine verdichtete Bebauung von Hanglagen. Der Bautyp der Terrassenhäuser verbreitet sich in der Folge schnell in der ganzen Schweiz. Nachdem Meuli das Architekturbüro verlassen hat, gründet Stucky 1973 die Fritz Stucky Architekturbüro AG in Zug.[56 57]

Hanns Anton Brütsch

1916 – 1997

Der gebürtige Basler Hanns A. Brütsch absolviert 1934 seine Lehre als Hochbauzeichner und besucht ab 1940 Vorlesungen der Architekturabteilung der ETH Zürich, allerdings ohne ein Diplom zu erwerben. 1945 stellt der Zuger Architekt Alois Stadler (1890 – 1977) Brütsch als Junior-Architekten ein. Nach dem Austritt Stadlers übernimmt Brütsch 1958 das Architekturbüro und leitet es bis 1969. Bis 1984 bleibt er im Büro tätig. Zu einem Grossteil seiner Aufträge kommt Brütsch durch Wettbewerbe: Von 36 Teilnahmen geht er bei 23 als Sieger hervor. Brütschs Werk umfasst verschiedenste Bauten: Einfamilienhäuser, Schulen und Heime, Kirchen, Spitäler und Fabriken.[58] Besonders interessant erscheint in Hinblick auf Wright eine Reihe von Brütschs Einfamilienhäusern. Ihr gemeinsames Merkmal ist die Einbeziehung der Topografie in die stark horizontal entwickelten Gebäude. Der Kunsthistoriker Heinz Horat bezeichnet sie in seinem Buch *Hans Anton Brütsch Architekt BSA SIA* als Höhenkurvenhäuser, da sie in ihrem Grundriss die Geländelinien der steilen Hanglagen aufzunehmen scheinen. Brütsch fügt sie raffiniert in die Topografie ein und schafft eine an Wright erinnernde Verzahnung von Innen und Aussen, die vor allem bei Brütschs Spätwerken deutlich hervortitt. Dennoch ist es laut Horat kaum möglich, Brütschs vielfältiges Werk einer bestimmten Schule oder Architekturvorbildern zuzuordnen. Neben dem damals in der Schweiz sehr populären Landistil ist es gut möglich, dass Wright auf ihn Einfluss gehabt hat. Abgesehen von einer Reise in die USA erst nach seiner Berufszeit ist nur bekannt, dass Brütsch die Frank Lloyd Wright-Ausstellung von 1952 in Zürich besucht hat. Typische Wright-Merkmale, wie der zentral gelegene fireplace, die Integration der Landschaft in die Architektur sowie die Verzahnung von Innen und Aussen, lassen sich an vielen von Brütschs Werken wiederfinden.[59]

Otto von Deschwanden

1927 – 2012

Der in Kerns, Obwalden, geborene Otto von Deschwanden ist als Architekt vorwiegend im Raum Zentralschweiz tätig. Nach einer Lehre als Hochbauzeichner absolviert von Deschwanden einen mehrmonatigen Architekturkurs in Deutschland. Das Startkapital für die Gründung seines Architekturbüros bringt Otto von Deschwanden zusammen mit einem Kollegen aus der Finanzwelt auf. Während seiner frühen Berufsjahre bildet er sich autodidaktisch weiter. So kommt er in Kontakt mit der Architektur von Frank Lloyd Wright. Seine Heimbibliothek umfasste

Gebäude aus der Siedlung in Meggen von Otto von Deschwanden

verschiedenste Werke über und von Wright, was darauf schliessen lässt, dass ihm Wrights Architektur sehr vertraut war. Darüber hinaus wird Otto von Deschwanden von seiner Familie als sehr «Amerika-affin» bezeichnet, was sich auch im Kauf mehrerer amerikanischer Autos manifestierte. Abschliessend kann festgestellt werden, dass die Werke von Otto von Deschwanden stark von der Organischen Architektur Wrights inspiriert waren. Andererseits war – die Materialisierung seiner Bauten (insbesondere seiner Frühwerke) betreffend – eine stetige Verbundenheit zur archaischen Bergwelt für ihn bezeichnend. [60]

Walter Philipp

Lebensdaten unbekannt

Der deutsche Architekt Walter Philipp, Sohn eines Bauunternehmers, wird erstmals während seines Studiums der Architektur und des Bauingenieurwesens 1960 mit Frank Lloyd Wrights Architektur bekannt. Das erweckt in ihm den Wunsch, auch sein eigenes Heim einmal in Wrights Präriestil zu bauen. Diesen Traum verwirklicht er 1975 mit seiner Villa Walter Philipp in Untermünkheim, Deutschland. 1994 wird das Architekturbüro Philipp als eigenständige Firma gegründet und von der Baufirma abgekoppelt. Neben Kirchen baut man vorwiegend Villen. Trotz seiner Faszination für Wrights Architektur, die Philipp in einem Video auf der Website der Firma selbst darlegt, stellen die Villa Bisig und sein Eigenheim in Untermünkheim die einzigen Gebäude dar, die einen deutlichen Wright-Einfluss offenbaren. Philipp meint zu Wrights Architektur: «[…] das wird immer schöne, für das Auge auch dauerhaft interessante, gefällige, faszinierende Architektur sein.» [61]

Erwin Nigg, Egon Dachtler, Guido Oberholzer und Dolf Schnebli sind weitere Architekten, in deren Werk mögliche Wright-Einflüsse auftreten. In ihren Biografien konnte aber keine Verbindung zu Wright als Erklärung für einen möglichen Einfluss gefunden werden.

Orientierung an den USA

An dieser Stelle soll hervorgehoben werden, dass die amerikanische Architektur nicht nur Wright betreffend einen grossen Einfluss auf die Nachkriegsarchitektur der Schweiz ausübte. Der Architekturhistoriker Michael Hanak schreibt in seinem Buch *Jacques Schader (1917–2007) Architektur für die Nachkriegsmoderne*: «Internationalität bedeutete in den 1950er Jahren vornehmlich eine Ausrichtung auf die USA.» Es war die Architektur aus den USA, die in Europa als modern und fortschrittlich aufgefasst wurde.[62] Der Architekt Stefan Schärli, Neffe von Otto Schärli, bestätigte den starken Einfluss: «In den 1960–1970er Jahren waren die jungen Architekten alle von FLW in einer Art und Weise inspiriert.»[63]

Verbreitung von Wrights städtebaulichen Ansichten in der Schweiz

Die Problematik der modernen Stadt wurde in der Zeit zwischen 1930 und 1960 unter Fachleuten intensiv diskutiert, zeitweise war sie eines der bedeutendsten Themen an den Zusammenkünften der Congrès Internationaux d'Architecture Moderne (CIAM), die eine internationale Zusammenarbeit der Architekten und Architektinnen anstrebten.[64] Die durch die Verstädterung bewirkten, bisher nicht bekannten Konzentrationen urbanen Lebens resultierten in «Lebensfeindlichkeit», der «mit dem traditionellen Instrumentarium der Stadtbaukunst nicht mehr beizukommen» sei, heisst es in einem Artikel der Zeitschrift *Raumforschung* von 1964.[65] Die damalige Stadt wird darin als «Gefahr» bezeichnet, die «mit dem antibiologischen Leben der Grossstadt, ihrer Luftverschmutzung und ihrem Verkehrschaos sowie mit der Isolierung von Stadt und Land verbunden ist». Der Städtebau gehört zu einer der grossen Aufgaben der damaligen Zeit, um deren «Lösung» gerungen werden muss. «Schon heute hat der Prozess der Verstädterung und der Landzerstörung Formen angenommen, die das Schlimmste befürchten lassen. Stadtplanung ist zur lebenswichtigen Generationsfrage geworden», heisst es weiter.

Der Nidwaldner Architekt Arnold Stöckli (1909–1997) setzte sich ein Leben lang mit der Problematik und Krise der modernen Stadt auseinander und veröffentlichte zwei Bücher: 1954 *Die Stadt – Ihr Wesen und ihre Problematik. Eine soziologische und städtebauliche Betrachtung* sowie 1963 *Grossstadtprobleme. Der urbane Mensch und seine Stadt.* Stöckli erläutert darin die Ansichten, Erkenntnisse und Forderungen namhafter Städtebauer, Architekten, Soziologen, Philosophen und Politiker. Ihre Gedanken, Lösungsversuche und -vorschläge werden von Stöckli kommentiert. Er stellt neue Siedlungsformen vor, wie etwa die Gartenstadt von Ebenezer Howard (1850–1928), die Stadt-Land-Stadt von Martin Wagner (1887–1959), Le Corbusiers vertikale Gemeinde und L'Unité d'Habitation oder die Konzeption der Usonia von Frank Lloyd Wright. Schon in Stöcklis 1954 verfasstem Buch wird deutlich, wie bekannt ihm Wrights Theorien und Haltung zur modernen Stadt sind. In seinem Vorwort tauchen Wrights Ansichten auf, noch weit bevor die Forderungen anderer bedeutender Architekten vorgestellt werden. Laut Stöckli ist «[...] der Prozess der Verstädterung und die Art der grossstädtischen Entwicklung, [...] zu einer in der bisherigen Geschichte unbekannten Bedrohung des sozialen Lebens, der menschlichen Freiheit und der natürlichen wie kulturellen Lebensformen geworden». Ihrer öffentlichen Verantwortung bewusste Kreise lehnten nach Stöckli die grossstädtische Lebensform ab. Weiter schreibt Stöckli: «Es ist höchst symptomatisch, dass der heute bekannteste amerikanische Architekt, Fr. L. Wright, eine radikale Abkehr von der Grossstadt fordert. Die Erkenntnisse seines langen und reichen Lebens gipfeln darin, dass er heute jedes natürliche und freiheitliche Leben und die demokratische Lebensform, die zum unveräusserlichen Bestand Amerikas gehört, durch die Grossstadt bedroht und dem Untergang preisgegeben sieht».[66] Stöckli stellt die Ansichten Le Corbusiers und Wrights in seiner ersten Publikation anschaulich gegenüber: Le Corbusier sieht im Hochhaus die Wohnform der Massen. Er verlangt, Städte

Wright im Zeichensaal der Hillside Home School, Taliesin East, WI

als Zellsystem zu strukturieren, um eine maschinelle Serienproduktion von Hochhäusern zu ermöglichen. Er sieht in der vertikalen Stadtbildung und einer dadurch möglichen erhöhten Wohndichte die Lösung für das Problem der modernen Wohnkultur.[67] Im Gegensatz dazu fordere Wright die Menschen auf, die Grossstädte zu verlassen, er wolle eine suburbane, dezentrale Landschaft, in der die Bevölkerung über das ganze Land in kleinen Siedlungseinheiten verstreut ist.[68] «[...] für das die Raumweite liebende menschliche Wesen sei das Eingeschlossensein auf einem engen Raume unerträglich. Die natürliche Horizontale ist für Wright die Linie der menschlichen Freiheit [...].»[69] Stöckli zieht in seinem Buch das Fazit, dass der Städtebau nicht mehr nur ein technisches, sondern vielmehr ein soziologisches und geistiges Problem darstellt. Eine «Gesundung» der Grossstadt könne nur gelingen, wenn die grossstädtischen Tendenzen eingeschränkt würden. Eine Problemlösung könne nur von aussen kommen, um in der Neuordnung der ländlichen Verhältnisse die Schaffung «der optimalen Umwelt» zu ermöglichen. Auf der letzten Seite würdigt Stöckli noch einmal Wrights Konzept der Usonia und zieht daraus eigene Schlussfolgerungen: «Die grosse Erkenntnis, die Wright im Ringen um sein ‹Usonian› gewinnt, ist, dass die kapitalistische Zusammenballung und die Ausweitung humaner Möglichkeiten gegensätzlicher Natur sind, dass dieser Widerspruch mit dem Ausmasse der Zusammenballung wächst, dass, solange dieses System unorganisch bleibt, es auch unser soziales Leben sein muss, und in dieser unorganischen Welt würden Philosophen, Kunst und Religion hilflos bleiben, ja in ihrer zwangsläufigen Entartung sogar schmarotzerisch werden.»[70]

Stöcklis Arbeiten und Auseinandersetzung mit dem Städtebau verdeutlichen, wie bekannt Wrights Haltung zu diesem Thema zu diesem Zeitpunkt schon war. Die Rezeption von Stöcklis Werk lässt es nahe liegen, dass Wrights Usonia durch Stöckli unter den Schweizer Städtebauern noch viel bekannter werden wird: «Architekten, Stadtplanern, Soziologen, Kommunalpolitikern und allen, die an verantwortlicher Stelle mit den Fragen des Städtebaus und der Raumordnung zu tun haben, dürfte es künftig unentbehrlich sein.»[71]

[39] https://www.architekturbibliothek.ch/architekt/anderegg-ernst-e/
[40] Klein 1989, S. 57
[41] Wolf 2011, S. 3ff.
[42] Wolf 2006
[43] Klein 1989, S. 58
[44] Wolf 2011, S. 2–18
[45] Maurer 2016
[46] https://www.architekturbibliothek.ch/architekt/gasser-joseph/
[47] http://www.architekt-gasser.ch/kontakt.htm
[48] Nachlass Josef Gasser HSLU
[49] Frank Lloyd Wright Foundation, 2021
[50] Hartmann-Schweizer 2019
[51] Hartmann-Schweizer 2020, S. 20f., S. 118–126
[52] Hartmann-Schweizer 2019
[53] Jeschko, Rimer 2019, S. 1ff.
[54] Schärli 2005, S. 191ff.
[55] Ebd. S. 65ff.
[56] Pérez 2020
[57] Jenatsch, Krucker, Bauforum Zug 2006
[58] Horat 2021, S. 5–17
[59] Ebd. S. 81ff.

[60] Telefonat mit Patrick von Deschwanden am 25.07.2023
[61] https://www.philipparchitekten.de/
[62] Hanak 2018, S. 26f.
[63] Stefan Schärli in einem E-Mail vom 2.3.2023
[64] Ammann 1969, S. 53f.
[65] Quidde 1964
[66] Stöckli 1954
[67] Ebd. S. 120ff.
[68] Ebd. S. 5
[69] Ebd. S. 124
[70] Ebd. S. 150 – 156
[71] Quidde 1964

Schlussfolgerungen

Ursachen und Herkunft des in der Zentralschweiz zu beobachtenden Einflusses

Die vorgestellten Architekten lassen sich in «Schüler» und «keine Schüler» Wrights, hier der Einfachheit halber als «Interessierte» bezeichnet, unterteilen.

Zu den Schülern gehören Anderegg, Sachs und Stucky. Sie alle haben mindestens zwei Jahre in Taliesin verbracht und wurden dort mit Wrights architektonischen Prinzipien vertraut. Die Ausbildung in Taliesin ist überdies sehr praktisch orientiert: Zu Wrights Lebzeiten arbeiteten seine Schüler in seinem Büro an verschiedenen Projekten mit. Der Entwurf von zwei «Box-Projects» zu einem selbst gewählten Thema gehörte während Andereggs Studienzeit zum Lehrplan. Im inmitten der Sonora-Wüste gelegenen Taliesin West baute jeder Apprentice ausserdem seine eigene Unterkunft, Shelter genannt, in der Umgebung der Schule. Sie diente allerdings nur dem Schlafen. Von diesen Shelters sind bis heute zahlreiche erhalten geblieben. Dass Anderegg, Sachs und Stucky durch den Taliesin-Aufenthalt in ihrem Architekturverständnis geprägt wurden, ist unzweifelhaft. Neben ihnen war auch Werner Max Moser ein ehemaliger Schüler Wrights und von 1923 bis 1926 in Taliesin.

Zu den Interessierten gehören Hoesli, Gasser, Schärli, Brütsch, Philipp und von Deschwanden. Sie waren nie Schüler Wrights, auch wenn zumindest Gasser fest entschlossen war, einer von ihnen zu werden und wohl geworden wäre, hätte er nicht gerade einen Architekturwettbewerb gewonnen.

Hans Ringeisen, Architekt der Siedlung Brodhubel in Sachseln, gehört zu einer anderen Gruppe, da er weder ein Schüler Wrights war, noch sich in seinem Schaffen direkt an Wright orientierte. Als Inspirierter von Andereggs Bauten im Berner Oberland ist er sozusagen beeinflusst vom Einfluss Wrights in der Schweiz.

Die Schüler übten ihrerseits grösseren Einfluss auf andere Schweizer Architekten aus, als es die Interessierten taten. Dies ist in erster Linie auf Moser und Anderegg (Ringeisen) zurückzuführen. Moser, als ehemaliger Schüler und wichtige Figur im Schweizer Architekturgeschehen und in der Architekturlehre der 1950er und 1960er Jahre, stellt eine Schlüsselfigur dar und war ausschlaggebend für die Beeinflussung anderer Schweizer Architekten: Moser war einer der ersten Schweizer Architekten, der nach Taliesin gehen konnte. Nach seiner Rückkehr vermittelt er als Professor an der ETH Zürich Wrights Architekturprinzipien, wodurch dessen Theorien in der Schweiz an Bekanntheit gewinnen. Noch direkter nimmt Moser Einfluss, indem er eine Handvoll Schweizer Studenten nach Taliesin vermittelt, darunter Anderegg und Stucky. Ausserdem ist Moser dafür verantwortlich, dass die Wright-Ausstellung 1952 in die

Selbstgebauter Shelter der Taliesin-Schüler in Taliesin West, AZ

Schweiz kommt. Er publiziert daraufhin einen Bildbericht zu Wrights Werk. Gasser nennt ebendiesen und verwandte Publikationen als Auslöser für seine Beschäftigung mit dem Werk von Wright.[72] Das Gleiche gilt für Brütsch, der die Ausstellung von 1952 sogar selbst besucht.[73] Schärli scheint ebenfalls über Publikationen erstmals mit Wrights Architektur in Kontakt gekommen zu sein, ob diese von Moser stammten, ist unklar. Über von Deschwanden ist bekannt, dass er zahlreiche Publikationen über und von Wright besass und Wrights Architektur dadurch kennenlernte.

Eine weitere Schlüsselfigur scheint David Dodge zu sein, er wirkt als Bindeglied zwischen den USA, das heisst dem Büro der Taliesin Associated Architects, und der Zentralschweiz. Dort arbeitet er eine Zeit lang mit Anderegg zusammen, zu einem Zeitpunkt, als dieser seinen alpinen Anderegg-Stil schon begonnen hat. Ein Austausch über die neuesten geplanten Bauten in den USA wird aber dennoch stattgefunden haben. Schärlis Erwähnung, dass er Dodge schon Jahre vor seiner Reise nach Taliesin bei der Luzerner Sektion des BSA kennengelernt habe, lässt darauf schliessen, dass Dodge auch in Kontakt mit anderen Zentralschweizer Architekten stand. Die Tatsache, dass ein Wrightianer und festes Mitglied der Taliesin Fellowship wie David Dodge dem BSA angehörte, ist speziell erwähnenswert! Hinzu kommt Gassers Zusammenarbeit mit Dodge für ihr Projekt Seekristall und die Teilnahme am Architekturwettbewerb für das Kunst- und Kongresszentrum Luzern, bei dem die Taliesin Associated Architects gleichwertig mit Josef Gasser aufgeführt werden.[74]

Zuletzt sei auch Dion Neutra genannt, der als Studienkollege Gassers mit verantwortlich dafür war, dass dieser den Entschluss fällte, ein Taliesin-Fellow zu werden. Über die Beeinflussung des Architekten Philipp ist nichts weiter bekannt, als dass er für die Architektur Wrights schwärmte.

Ausmass der Einflussnahme auf die in der Zentralschweiz tätigen Architekten

Der Einfluss Wrights im Werk der aufgeführten Architekten äussert sich auf unterschiedliche Art und Weise. Auffällig ist, wie stark das Ausmass des Wright'schen Einflusses variiert – während manche Bauten stark an ein Gebäude aus der Wasmuth-Mappe erinnern, zeigt sich ein Einfluss bei anderen nur sehr versteckt und erst bei genauerer Betrachtung. Man könnte von Qualität der Imitation Wrights sprechen, allerdings konnte in den Biografien der einzelnen Architekten aufgezeigt werden, dass bei Weitem nicht alle im Sinne hatten, Wrights Bauwerke möglichst getreu nachzuahmen.

Im Folgenden wird eine Einteilung der Architekten nach ihrem Beeinflussungsgrad vorgenommen. Entsprechend der Art des Rezipierens werden drei Stufen unterschieden:

- 1:1-Kopien, sogenannte «Kopisten»
- Teilweise-Kopien von einzelnen Elementen oder Gebäudeabschnitten
- Aufgreifen von Aspekten architektonischer Prinzipien Wrights, Anknüpfen und Weiterführen dieser bis hin zu einer Eigeninterpretation

Im Rahmen der Untersuchung wurde kein Architekt gefunden, der den Grad des Kopisten in seinem Schaffen tatsächlich erreicht. Gasser und Anderegg kommen dem zwar bei manchen ihrer Bauten sehr nahe (Heimbachschulhaus, Villa Schnyder / Andereggs Frühwerke, von denen manche zum Beispiel Wrights Robie House deutlich ähnlich sehen). Allerdings entstehen nie komplette Imitationen. Oft kopieren beide Architekten einzelne Elemente aus Wrights Werk sehr exakt und gewissenhaft, nie aber ein ganzes Bauwerk.

Gassers Wright-Imitationen, wie zum Beispiel die Villa Schnyder oder sein Eigenheim Auf Oberrüti, unterscheiden sich besonders durch die Ausgestaltung des Daches von Wrights Bauten. Gassers Dächer sind nicht wie in den USA üblich aus Holzschindeln, sondern aus Tonziegeln angefertigt. Unterschiede in der amerikanischen und der europäischen Bauweise scheinen hier Ursache für eine Abweichung von Wrights Vorbild zu sein. Beim Dachrandabschluss wird eine exakte Kopie wieder angestrebt: Gasser gibt sich grosse Mühe, das Dach so dünn erscheinen zu lassen, als wäre es aus Schindeln gefertigt. Durch geschicktes Abstufen an der Dachuntersicht gestaltet er den Dachrandabschluss möglichst

Wohnturm Fanghöfli, Littau-Luzern, Josef Gasser

schlank. Welches Ausmass die Imitation hier erreicht, zeigt sich eindrücklich an Gassers Umgang mit der Dachentwässerung: Etwas wie eine Regenrinne vermeidet er gänzlich. Das Bild von den Eiszapfen an den Dächern Taliesin Easts im Winter, das Moser in seinem Bildbericht abdruckte und damit den Nutzen von Regenrinnen demonstriert, wird Gasser wahrscheinlich bekannt gewesen sein. Gegen eine Dachrinne entscheidet er sich offensichtlich nicht aus funktionalen Gründen, sondern aus Prinzip.

Werke Gassers, wie etwa die Villa Schnyder oder sein Eigenheim Auf Oberrüti, sehen Wrights Präriehäusern und Usonian Houses sehr ähnlich. Es lassen sich innerhalb von Wrights Werk bestimmte Gebäude finden, bei denen diese Ähnlichkeit unverkennbar ist, wie beispielsweise das Robie House oder das Jacobs House II. Aber nie wird alles zusammen – Terrassen, Fensterbänder, Grundrisse – von ihm direkt übernommen. Man könnte diese Werke Gassers in diesem Sinne als Erweiterung von Wrights Werk sehen. Es handelt sich weniger um Kopien als um Variationen. Dabei nutzt Gasser Wrights Grundcharakteristika und Detaillösungen. Ebenfalls als Variation könnte man Gassers Heimbachschulhaus betrachten. Eine Anlehnung an das Solomon R. Guggenheim Museum in New York scheint deutlich erkennbar. Dennoch übernimmt Gasser viele für das Guggenheim Museum doch sehr charakteristische Elemente – wie etwa die spiralförmige Rampe – nicht, um der Bauaufgabe als Schule gerecht zu werden. Gasser lässt sich eindeutig der zweiten Stufe zuordnen.

Bei Anderegg gestaltet sich eine Einordnung schwieriger. Grundsätzlich kann festgestellt werden, dass sich Anderegg in seinem Frühwerk sehr stark an Wright orientiert und Architekturelemente in einem ähnlichen Masse kopiert wie Gasser. Über die Einordnung seiner Gebäude im Berner Oberland ist sich die Literatur uneinig. In Andereggs Monografie wird das Haus Hommel, das den Beginn seines «alpinen Bautypus» markiert, beschrieben als «[...] erster Quantensprung, mit dem sich der Architekt von Frank Lloyd Wright löst und zu einer eigenständigen Ausdrucksweise findet, die für einen Grossteil seines späteren Werks kennzeichnend sein wird.»[75] In anderen Berichten, wie etwa im Magazin *archithese* von 1989, wird auf die starke Ähnlichkeit mit dem Boomer House in Phoenix verwiesen.[76] Laut dem Ansatz aus seiner Monogafie wäre Anderegg der dritten Stufe zuzuordnen, da er Wrights Prinzipien der Organischen Architektur aufnimmt und mit einer passenden Dachform in den Schweizer Alpen umsetzt. Das Produkt wäre eine eigenständige Architektursprache, die Anderegg aus den Prinzipien Wrights heraus entwickelt und die diesen Folge leistet. Laut der zweiten Betrachtungsweise würde Andereggs Werk weniger als Eigeninterpretation zählen, sondern als Vertiefung und variierte Vervielfältigung eines bestimmten Gebäudes aus Wrights Werk. Wie Gasser würde Andereggs Beeinflussung einer teilweisen Kopie von einzelnen Elementen oder Gebäudeabschnitten entsprechen. Ob sich der Meiringer Architekt von der alpinen Umgebung inspirieren liess oder sich tatsächlich am Boomer House orientierte, wird sich ohne Stellungnahme desselben wohl nie klären lassen. Dagegen lässt sich das Gebäude Andereggs in Buochs, Nidwalden eindeutig der zweiten Stufe zuordnen, da es mit verschiedenen Elementen Wrights Usonian Houses imitiert.

Was die Architekten Gasser und Anderegg unterscheidet, ist die Bandbreite von Gebäuden Wrights, an denen sie sich orientieren. Während sich in Andereggs Werk in erster Linie Elemente von Wrights Präriehäusern finden – das Gebäude in Nidwalden (Haus Wüthrich) scheint eine Ausnahme darzustellen –, durchkämmt Gasser in seiner Nachahmung Wrights dessen gesamtes Œuvre und übernimmt Elemente aus verschiedenen Epochen von Wrights Schaffen: Die Villa Schnyder imitiert Wrights Frühwerk (die Präriehäuser), sein Eigenheim Auf Oberrüti die Usonian Houses aus Wrights Schaffensperiode von 1930 – 1940, während das Heimbachschulhaus an das Solomon R. Guggenheim Museum, einem Spätwerk Wrights, das er allerdings bereits zu einem früheren Zeitpunkt entworfen hatte, erinnert.

Der Architekt von Deschwanden lässt sich der zweiten Stufe zuordnen. In seinem Werk sind keine exakten Kopien von Wrights Bauten zu finden. Eine ganze Ansammlung von Wright-beeinflussten Gebäuden von Deschwandens lassen sich an der Naumatthalde in Meggen finden.[77] Sie gehören zu seinem Spätwerk und scheinen mit einer auskragenden Dachform und starker Betonung der Horizontalen von Wrights Organischer Architektur inspiriert.

Sachs, Schärli, Stucky und Brütsch lassen sich allesamt der dritten Stufe zuordnen. Sie imitieren Wright in einem anderen Sinn als Anderegg und Gasser. In ihrer Beeinflussung durch Wright ist die Kopie einzelner Wright'scher Elemente kaum von Relevanz. Sie scheinen sich vielmehr an den dahinterstehenden Prinzipien zu orientieren: Organische Architektur, Kontinuität des Raumes, die Idee eines bewegten, plastischen Raums. Allerdings ist hier entscheidend, dass ihr architektonisches Werk nicht nur aus diesem Grund einen von Wright weniger stark beeinflussten Eindruck hinterlässt. Bei Gasser und Anderegg scheint Wright die mit Abstand bedeutendste Inspirationsquelle zu sein. Durch Wrights Werk sind ihre Entwürfe stärker geprägt als von jedem anderen Architekten. Anders ist es bei Sachs, Schärli und Brütsch. Wright scheint nur einer von vielen Architekten zu sein, dessen Architektur sie studieren. Sachs ist hier das eindeutigste Beispiel. Während Anderegg direkt nach seinem Studium, scheinbar schnurstracks nach Taliesin reist und für den Rest seines Lebens in starkem Einfluss davon steht, ist Sachs' Aufenthalt in Wrights Büro nur ein Auslandpraktikum neben anderen. Noch davor arbeitet sie in Skandinavien bei Lind und Aalto und ist von deren Architektur ebenso, wenn nicht gar stärker in den Bann gezogen als von Wright. Gleichzeitig bekennt sich Sachs früh zu ihrer Faszination für Le Corbusiers Architektur und Kunst. Es ist schwer zu sagen, wessen organische Auffassung des Bauens sie schliesslich entscheidend beeinflusst hat. Interessant ist, wie Sachs selbst ihre Art des Rezipierens beschreibt. Das Vorbild anderer Architekten sieht sie allein als Antrieb, um ihren eigenständigen architektonischen Ausdruck zu finden. Das grenzt sie von den Kopisten und Teilkopisten deutlich ab. Dennoch kann festgestellt werden, dass in Sachs Werk, sozusagen dem Produkt dieses Antriebs, die Auffassung des organischen Bauens stark an Wrights Organische Architektur erinnert. Die Form seiner Bauten ist mehrfach deutlich Natur-inspiriert: Wright orientiert sich für die Entwicklung verschiedener Träger-, Stahl- und Gebäudekonstruktionen an Bäumen, Spinnennetzen und Pilzen. Das Solomon R. Guggenheim Museum wird in der Literatur gerne mit einem Schneckenhaus verglichen, der Grundriss des Hanna House mit einer Honigwabe.[78] Gleichzeitig imitiert Sachs in der Funktion ihres Jugendhaus-Projekts ein Wechseltierchen, die Form ihres Kurtheaters in Baden beschreibt sie selbst als seesternartig. Ihr Ferienhaus Im Schilf wird in der Literatur mit einer Schnecke verglichen, die ihr Haus auf dem Rücken trägt.[79]

Modell eines unbekannten Wohnhauses aus dem Nachlass von Josef Gasser

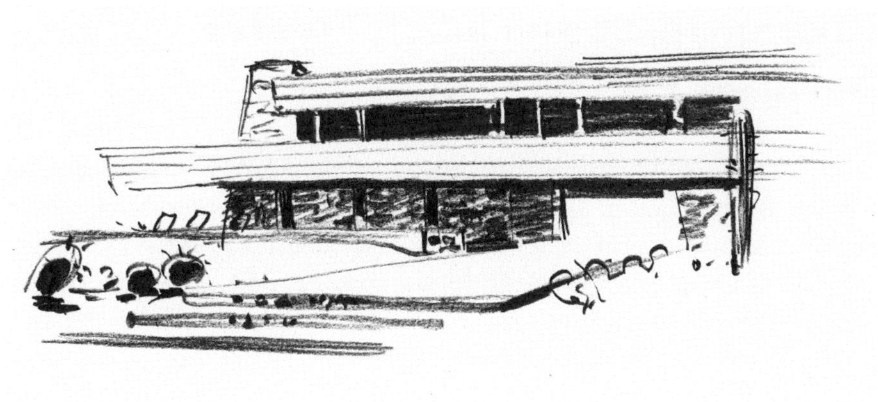

Skizze von Josef Gasser

Wrights Einfluss auf Schärli wird besonders in dessen Monografie *Leib-Bewegung-Bau: Suche nach der Ganzheit des Lebens* deutlich. Zwar erwähnt er Wright nie in direktem Zusammenhang mit seiner Architekturphilosophie. Auch stimmt diese nur in ihren Ansätzen mit Wright überein. Schärli geht mit seiner organischen Auffassung der Architektur einen Schritt weiter als der Amerikaner und vergleicht sie mit dem menschlichen Organismus, indem er architektonischen Elementen Bereiche des menschlichen Körpers zuordnet. Interessant ist, wie die – wenn auch von Wrights Prinzipien teilweise abweichende – Architekturinterpretation Schärlis in Schlussfolgerungen und von ihm aufgeführten Beispielen mündet, die von Wright selbst stammen könnten. So zieht er aus dem Vergleich der Übergangszone zwischen innen und aussen mit der Haut des Menschen das Fazit der Notwendigkeit einer Verzahnung, einer Durchlässigkeit wie bei der menschlichen Haut. Für die architektonische Umsetzung nennt er die gleichen Elemente, die auch in Wrights Werk auftauchen, um Innen und Aussen der Gebäude organisch zu verbinden.

Die Architekten Hoesli und Philipp können keinem Beeinflussungsgrad zugeordnet werden, da die beschriebenen Wright-beeinflussten Gebäude in ihren Werken eine Ausnahme darstellen. Beide Gebäude, die Villa Im Schyn und die Villa Bisig, zeigen den Einfluss Wrights allerdings überaus deutlich, in ähnlichem Masse wie Bauten von Anderegg und Gasser. Das kann darauf zurückgeführt werden, dass einzelne Elemente von Wrights Architektur kopiert und neu zusammengesetzt wurden. Besonders bemerkenswert ist hier die Villa Bisig, die aussen wie innen tatsächlich von Wright entworfen sein könnte und einer Variation gleichkommt. Es fehlt scheinbar an Elementen, die nicht deutlich Wrights Architektur zugeordnet werden könnten. Die beiden Ausreisser aus den Werken Hoeslis und Philipps verdeutlichen, wie bekannt den beiden Architekten Wrights Werk war. Sie müssen es genauestens studiert haben – was wir von Hoesli als Architekturprofessor und seiner Lehre der modernen Architektur wissen – um eine solche Imitation bewerkstelligen zu können. Womöglich waren diese Bauten eine Art Experiment – um zu schauen, in welchem Masse ihnen eine Imitation gelingt. Vielleicht wollten sie aber auch einfach nur ein Stück von Wrights amerikanischer Architektur – von der Philipp bekanntlich begeistert war – in die Schweiz bringen. Ein Ausdruck seiner lange mitgeführten Faszination.

Erkenntnisse aus Josef Gassers Nachlass

An dieser Stelle soll ausführlicher auf den Architekten Gasser eingegangen werden. Recherchen in seinem bisher noch unerforschten Nachlass an der Hochschule Luzern ergaben, dass Gasser sich auf äusserst vielseitige Art und Weise mit Wrights Architektur auseinandersetzte. Bemerkenswert ist die schon erwähnte Bandbreite aus Wrights Werk, an der sich Gasser orientierte. Dabei durchlief er nicht wie Wright einzelne Bautypen nacheinander. In Littau baute Gasser die Villa Schnyder, angelehnt an Wrights Werk aus der Schaffensperiode um etwa 1900, und nur kurze Zeit später und in unmittelbarer Nachbarschaft den Wohnturm Fanghöfli, dem etwa das Jahr 1950 in Wrights Werk entspricht. Zwei Gebäude aus komplett verschiedenen Wright-Epochen! Das umfangreiche Planmaterial aus Gassers Nachlass zeigt ausserdem eine noch viel grössere Vielfalt an Wright'schen Projekten: Es finden sich Entwürfe in der Form von Eiskristallen aus Sechsecken für den Wettbewerb Oberlöchli in Luzern, Grundrisse aus lauter sechseckigen Räumen, die dennoch offen miteinander verbunden sind. Entwürfe auf rautenförmigen Rastern erinnern stark an Wrights Grundrisse. Es tauchen selbst Möbelentwürfe für kleine gepolsterte Hocker auf, die denen in Taliesin East und Taliesin West sehr ähnlich sehen. Ob Gasser sie tatsächlich für seine Gebäude produzieren liess, ist unklar. Die durch den Nachlass gewonnenen Einblicke verdeutlichen, dass Gassers Schaffen noch weit vielschichtiger war, als sein realisiertes Werk annehmen lässt. Er ermöglicht nicht nur einen Blick auf seine ausgeführten Werke, sondern auch auf das Denken und vor allem Tüfteln des Architekten. Dennoch wirft er auch Fragen auf: Arbeitete sich Gasser mit einer bestimmten Systematik durch Wrights Repertoire an verschiedensten Bauwerken? Hatte Wrights Organische Architektur seiner Meinung nach eine Zukunft in der Schweiz?

Akzeptanz und Zukunft der Architektur Wrights in der Schweiz

Obwohl die Suche nach Wright-beeinflussten Gebäuden nicht auf eine Zeitspanne beschränkt wurde, weisen die beschriebenen und gefundenen Bauwerke mit wenigen Ausnahmen Baujahre zwischen 1950 und 1970 auf. Dies erweckt den Eindruck, als liesse sich der Einfluss Wrights auf das architektonische Schaffen in der Schweiz zeitlich eingrenzen. Es scheint, als könne man Wrights Einfluss als abgeschlossene Epoche in der Architekturgeschichte bezeichnen. Es stellt sich die Frage, weshalb sich Wrights Architektur in der Schweiz nicht durchzusetzen vermochte, wo doch keines der gefundenen Bauwerke besondere Mängel oder Unzulänglichkeiten aufweist und Eigentümer, mit denen gesprochen wurde, sich allesamt sehr glücklich mit ihrem Haus oder Feriensitz zeigten.

Der Architekt Alfred Roth war nicht der erste und blieb nicht der letzte, der sich kritisch darüber äusserte, ob sich Wrights Architektur in

Im Schyn, Ansicht von Nordosten

Europa verbreiten würde, als ebendieser Einfluss Europa zu erreichen begann. Roth begründete seine Einschätzung mit der einzigartigen Architektur und Persönlichkeit Wrights. Daneben gibt es noch andere, von vielen Architekten früh erkannte Ursachen, die als Erklärung für das beobachtete Phänomen herangezogen werden können.

Der britische Architekt und Kunsttheoretiker Charles Robert Ashbee (1863 – 1942) verfasste in Wrights zweiter Wasmuth-Publikation *Ausgeführte Bauten*, Berlin 1911, das Vorwort und bemerkte: «Mit hungrigen Blicken schauen wir europäischen Architekten häufig auf die glücklicheren Kollegen in der neuen Welt mit ihren herrlichen Geländeverhältnissen und ihren weiten Strecken unbewohnten Landes, ihren Städten, die noch des Künstlers harren, und auf die Freigiebigkeit der Bauherren für den erforderlichen Aufwand.» [80]

In seinem 1926 erschienenen *Frank Lloyd Wright: Aus dem Lebenswerke eines Architekten* schreibt der deutsche Architekturkritiker und Hochschullehrer Heinrich de Fries (1887 – 1938): «So ziemlich jeder deutsche Architektur-Professor würde eine Hausanlage im Sinne Wrights heftigst bemängeln: Verzettelung der Baumassen, Verteuerung des Bauens, ungünstiger Zuschnitt der Dachfläche, mangelhafter Wärmeschutz und vor allem das völlige Fehlen der akademischen Geschlossenheit, würde bitter beanstandet werden.» [81]

Auf ähnliche Weise geht auch der Schweizer Architekt und Kunsthistoriker Peter Meyer (1894 – 1984) in seinem Artikel «Grenzen und Bedenken» zur Wright-Ausstellung und -Architektur in der *Schweizerischen Bauzeitung* auf europäische Nachteile von Wrights Architektur ein: «Wright baut vorwiegend für reiche bis sehr reiche Auftraggeber… Die architektonisch interessantesten, weil extremsten Häuser sind opulente Sommersitze in bevorzugter Landschaft – also Ausnahmesituationen. Es ist natürlich subalterne Beckmesserei, angesichts von Bauten, denen es auf die Kosten nicht ankommt festzustellen, dass sie durch die extreme Auflösung des Grundrisses ein Maximum an Oberfläche bekommen, somit ein Maximum an Abkühlungsfläche (Heizkosten), ein Maximum an Einbruchsgefahr und ein Maximum an Ansatzpunkten für Bauschäden aller Art... und die enorme Ausladung der Dächer wäre bei europäischen Schneelasten und in sonnenärmeren Gegenden ... wohl bedenklich.» [82]

Kurzum: Wrights Architektur mag zwar ästhetisch und faszinierend wirken, für Schweizer Verhältnisse praktisch und geeignet ist sie allerdings nicht. Meyer wägt ab und schlussfolgert: «Nicht wünschenswert wäre eine allzu getreue Wright-Nachfolge in unseren dichtbesiedelten und kulturell geprägten Gegenden. Wir haben in den letzten 100 Jahren Erfahrungen genug gesammelt, um zu wissen, dass es hier weniger auf einzelne Genieleistungen als auf einen anständigen Durchschnittstypen ankommt.» Dabei nimmt er auch Wrights Idee der demokratischen Architektur auf: «In europäischen Verhältnissen bedeutet Demokratie eben in erster Linie Einordnung, Rücksicht auf den Nachbarn, auf das gegebene Ortsbild, Qualität im Rahmen des Gemeinsamen, bewussten Verzicht auf Extravaganz.» [83]

Es macht den Anschein, als habe Wrights horizontale, raumeinnehmende und wie Meyer es ausdrückt «extravagante» Architektur in der verdichteten Schweiz keinen Platz. Dass Wright-Imitationen in diesem Kontext zu Problemfällen werden können, hat sich in den Untersuchungen am Beispiel der Villa Schnyder gezeigt: Im Zuge des Baudruckes und der Siedlungsverdichtung wurde ein Gutachten in Auftrag gegeben, dessen Schlussfolgerung es war, dass die Villa Schnyder aufgrund der baulichen Veränderungen in der Umgebung nicht mehr ins Ortsbild passe. Starker Bestandteil der Argumentation bildete die in unmittelbarer Nähe zur Villa Schnyder gebaute Reihe von mehrgeschossigen Mehrfamilienhäusern. [84]

Dennoch können manche von Wrights Ideen und Grundgedanken als Lösungsansätze für Herausforderungen in der Architektur von heute betrachtet werden. Zu diesen Herausforderungen gehören unter anderem das viel diskutierte nachhaltige Bauen und der Klimawandel. Wrights Einbeziehung der Natur in seine Bauwerke, die Verwendung natürlicher, regionaler und umweltfreundlicher Materialen können als Ansätze einer umweltbewussten Architektur angesehen werden. Allerdings muss angemerkt werden, dass Wright nicht immer aus purem Naturschutzdenken umweltbewusst baute: Den Wüstenstein in den Mauern von Taliesin West verwendete er aus Kostengründen. Im Gegensatz dazu stellt das Jacobs House II, nach seiner Form und Idee auch als Solar Hemicycle bezeichnet, eine ganz absichtlich energiebewusste Entwurfskonzeption dar. Mit dem halbkreisförmigen Grundriss machte es Wright schon 1948 möglich, die Sonnenenergie passiv zu nutzen (und somit Nebenkosten zu senken). Die Hausrückseite wurde als Wind- und Wärmeschutz mit Erde aufgeschüttet. Auf der Hausvorderseite ist das überkragende Dach so angelegt, dass die tiefstehende Sonne im Winter den Innenraum erwärmt und die hochstehende Sonne im Sommer abgeschirmt wird. [85] Andere an Wrights Gebäuden anzutreffende Formen des Sonnenschutzes sind bewachsene Beton- und Holzpergolen wie etwa beim Coonley oder Wingspread House. [86]

Fazit

Zusammenfassend kann festgehalten werden, dass Alfred Roth im Ausstellungskatalog von *USA baut* nicht ausschliesslich richtig prognostizierte, als er schrieb, dass Wrights Architektur «unmöglich direkt übernommen oder nachgeahmt werden kann». Tatsächlich haben die Untersuchungen ergeben, dass Wright von verschiedenen Architekten in unterschiedlich starkem Masse in der Zentralschweiz nachgeahmt wurde. Das Ausmass dieser Beeinflussung erstreckt sich von Teilweise-Kopien von Elementen aus Wrights Architektur bis hin zur in einer Eigeninterpretation mündenden Orientierung an seinen architektonischen Grundideen wie etwa der Organischen Architektur. Den Architekten Josef Gasser und Walter Philipp gelang es mit ihren Bauten zu verdeutlichen, dass es sehr wohl möglich ist, Wright zu kopieren, auch wenn sie es, unter anderem infolge von Unterschieden in der europäischen und amerikanischen Architektur, nicht gänzlich taten. Gassers Variationen können als Übernahme von Wrights Werk bezeichnet werden. In den Untersuchungen konnte aufgezeigt werden, dass sich der sichtbare Einfluss Wrights auf die Zentralschweizer Architekturlandschaft auf die Jahre von 1950 bis 1970 beschränkt. Dies lässt darauf schliessen, dass es zwar an sich möglich ist, Wrights Architektur direkt zu übernehmen oder nachzuahmen. Dennoch scheint lediglich Wrights architektonische Philosophie zeitlos und heute noch immer aktuell zu sein. Ihre architektonische Umsetzung kann jedoch angesichts der Siedlungsentwicklung und der Grenzen, die damit der architektonischen Vielfalt gesetzt werden, als abgeschlossene Epoche in der Architekturgeschichte betrachtet werden. Somit bewahrheitet sich Roths Aussage längerfristig betrachtet doch. Allerdings ist es nicht die reine Möglichkeit, die Grenzen setzt, sondern unsere eigene Architekturlandschaft.

Als abgeschlossene Epoche in der Architekturgeschichte bezeichnet, hat sich Wrights Rolle im Bewusstsein der Schweizer Architekten seit den 1950er Jahren stark verändert. Im heutigen Schweizer Architekturgeschehen sind Wrights Bauten längst nicht mehr so präsent wie sie es damals waren.

In Bezug auf den UNESCO-Entscheid von 2019 konnte belegt werden, dass das zweite Kriterium für den Raum der Zentralschweiz tatsächlich zutrifft. Wright hat durchaus Einfluss auf zahlreiche Architekten auf unterschiedliche Art und Weise ausgeübt und damit die Architektur in der Zentralschweiz beeinflusst.

Der Architekt Aaron G. Green (1917–2001) schrieb 1988 über Wright: «He often repeated his hope that other architects and students would not imitate him but develop their own individuality. The principles of organic architecture, he believed, were not related to any particular style but were adaptable to all architectural solutions [...].» [87] Es scheint, als entspräche die in der Zentralschweiz beobachtete Entwicklung von Wrights Einfluss ganz den Wünschen des grossen amerikanischen Architekten.

Zum Schluss soll auf die Thematik der Schutzwürdigkeit von Wright-beeinflusster Architektur in der Zentralschweiz eingegangen werden. Diese ist, wie sich am Beispiel der Villa Schnyder zeigte, von besonderer

Selbstgebauter Shelter der Taliesin-Schüler in Taliesin West, AZ

Aktualität. Mit der Erkenntnis einer abgeschlossenen Epoche von Wrights Einfluss auf die Zentralschweizer Architekturlandschaft stellt sich die Frage, wie mit dem überlieferten Erbe dieser Epoche umgegangen werden soll. Am Beispiel der Villa Schnyder wurde argumentiert, dass Wrights Architektur infolge der rasanten und architektonisch andersartigen Siedlungsentwicklung in der Schweiz «architektonisch entwertet» sei. Dieser Schlussfolgerung steht die Autorin kritisch gegenüber. Besonders bei dem heute in der Schweiz zu beobachtenden Siedlungs- und Verdichtungsdruck ist es wichtig, einen architektonischen Pluralismus zu erhalten und Zeugen einer (heute noch) jüngeren Vergangenheit auch für kommende Generationen erlebbar und zugänglich zu machen. Ästhetik und Vielfalt muss eine mindestens ebenso wichtige Rolle zukommen wie der Verdichtung.

Es sei an dieser Stelle wohl angemerkt, dass sich Wrights architektonischer Einfluss in der Schweiz nicht auf die Zentralschweiz beschränkt. So kann wahrscheinlich das Tessin als Hotspot von Wright-beeinflusster Architektur in der Schweiz angesehen werden.[89]

[72] http://www.architekt-gasser.ch/kontakt.htm
[73] Horat 2021, S. 84
[74] Nachlass Josef Gasser HSLU
[75] Wolf 2011, S. 14
[76] Klein 1989, S. 60
[77] von Deschwanden, E-Mail vom 27.02.2023
[78] Kief-Niederwöhrmeier 1983, S. 158
[79] Hartmann-Schweizer 2020, S. 120
[80] Kief-Niederwöhrmeier 1983, S. 163
[81] Ebd., S. 165
[82] Ebd., S. 176
[83] Ebd., S. 176
[84] Habegger 2015
[85] Kief-Niederwöhrmeier 1983, S. 125ff.
[86] Ebd., S. 370f.
[87] Green 1988, S. 135
[88] Koch, Maurer 1998, S. 39 – 40
[89] Disch 1996, S. 13, Beispiele für den Einfluss von Frank Lloyd Wright: S. 34 (EFH Prggassona, Tita Carloni & EFH Rovio, Tita Carloni), S. 35 (EFH Savosa, Peppo Brivio), S. 36 (EFH Vezia-Lugano, Franvo Ponti), S. 37 (EFH Biogno-Breganzona, Franco Ponti & EFH Ligornetto, Tita Carloni), S. 38 (EFH Sorengo, Rino Tami), S. 39 (EFH Morbio Superiore, Peppo Brivio & Kantonales Gymnasium Locarno, Dolf Schnebli), S. 40 (EFH Magadion, Luigi Snozzi), S. 41 (Häusergruppe «San Michele Caslano», Franco Ponti & EFH Biasca, Franco Ponti), S. 45 (EFH Rovio, Tita Carloni & EFH Novaggio), S. 46 (EFH Arosio, Tita Carloni), S. 57 (EFH Intragna, Angelo Andina)

Anhang

Gebäudeverzeichnis

Weitere Bauten in der Zentralschweiz mit möglichen Einflüssen von Frank Lloyd Wright:

Felmis, Horw/LU
Landhaus Nideroest; Architekt Josef Gasser, Baujahr unbekannt (1)

Littau, Luzern/LU
Luzernerstrasse 150, Wohnturm Fanghöfli; Architekt Josef Gasser, erbaut 1959 – 1961, Brüstungen mit an Wright erinnernden Ornamenteinlagen (2)

Würzenbachstrasse 17 und 19, Luzern/LU
Terrassensiedlung; Architekt Josef Gasser, erbaut 1976 – 1979, Taliesin-ähnliche Ornamente in den Terrassenbrüstungen (3)

Feldheim 2 und 6, Sarnen/OW
Mehrfamilienhäuser «Wohndach»; Architekt Josef Gasser, erbaut 1979 – 1981 (4)

Würzenbachstrasse 10, Kreuzbuchstrasse 65, Luzern/LU
Mehrfamilienhaus; Architekt Josef Gasser, erbaut 1965, Brüstungen mit an Wright erinnernden Ornamenteinlagen (5)

Naumatthalde 9, 11 – 16, 18, 20, Meggen/LU
Wohnquartier; Architekt Otto von Deschwanden, Baujahr unbekannt (6)

Langmattring 32, Stans/NW
Wohn- und Geschäftshaus; Architekt Ludwig Kayser, erbaut 1969 – 1971 (7)

Bergweg 2, Küssnacht/SZ
Einfamilienhaus mit Arztpraxis; Architekten Rudolf Mathys und Carl Dominik Burlet, erbaut 1962 – 1963 (8)

Bärgiswil 2, Merlischachen/SZ
Einfamilienhaus; Architekt André M. Studer, Baujahr unbekannt (9)

Bethanienstrasse 3, Kerns/OW,
Bethanien, Gästehaus und Kirche; Architekt Otto Schärli, erbaut 1970 – 1972 (10)

Artherstrasse 36, Zug/ZG
Villa Mijnssen; Architekten Fritz Stucky und Rudolf Meuli, erbaut 1967 – 1968 (11)

Terrassenweg 1 – 20, Horw/LU
Terrassensiedlung; Architekten Fritz Stucky und Rudolf Meuli, erbaut 1962 – 1967 (12)

Vorderbergstrasse/Gibelmatt 1, Walchwil/ZG
Villa Hegglin; Architekt Hanns A. Brütsch, erbaut 1969 – 1970 (13)

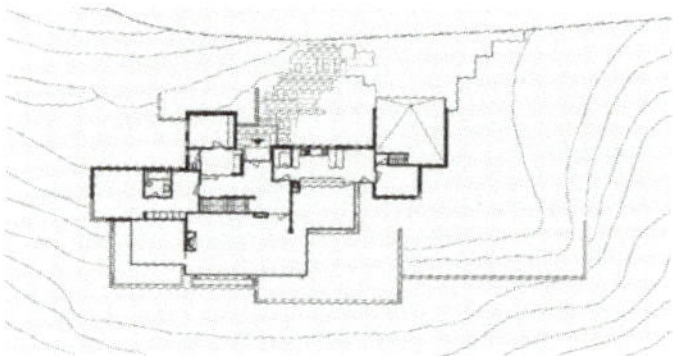

Blasenbergstrasse 12, Zug/ZG
Einfamilienhaus Bossard; Architekt Hanns A. Brütsch, erbaut 1970 – 1971 (14)

Horbach/ZG
Villa Weber; Architekt Hanns A. Brütsch, erbaut 1971 (15)

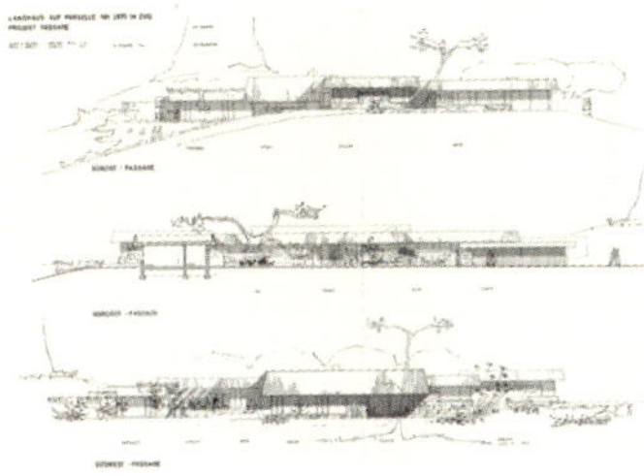

Himmelrichstrasse 22, Baar/ZG
Einfamilienhaus Mannhart; Architekt Hanns A. Brütsch, erbaut 1971 – 1972 (16)

Blasenbergstrasse 10, Zug/ZG
Zweifamilienhaus Weber; Architekt Hanns A. Brütsch, erbaut 1970 – 1977 (17)

Hostettstrasse 22, Wilen/OW
Einfamilienhaus am See; Architekt Jacques Schader, erbaut 1975, abgebrochen 2002 (18)

Panoramastrasse 13 – 17, Schwarzenberg/LU
Einfamilienhäuser; Architekt Otto von Deschwanden, nach 1970 erbaut (19)

Schulhausstrasse 3, Rothenburg/LU
Einfamilienhaus; Architekt Otto von Deschwanden, Baujahr unbekannt (20)

Stalden/OW
Erweiterung Katholische Pfarrkirche; Architekt Paul Dillier, erbaut 1974/1975 (21)

Schlossfled 3, Willisau-Land/LU
Einfamilienhaus; Architekten Oskar Kunz und Hans Amrein, erbaut 1970 – 1972 (22)

Steinhofhalde 26, Kriens/LU
Einfamilienhaus; Architekt Walter Rüssli, erbaut 1970 – 1971 (23)

Wilenstrasse 10, Vitznau/LU
Einfamilienhaus mit Einliegerwohnung; Architekt Justus Dahinden, erbaut 1987 – 1989 (24)

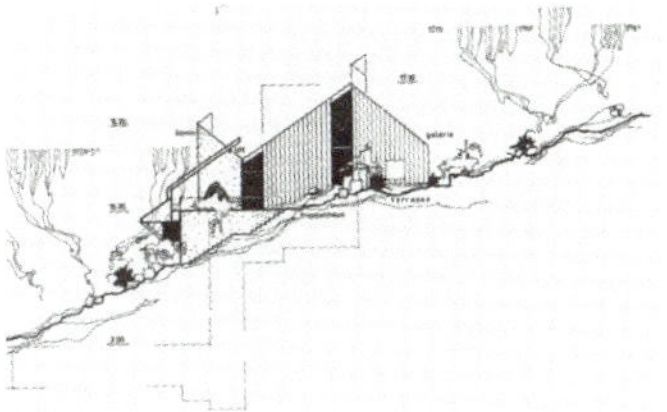

Casamattweg 1, Feusisberg/SZ
Villa; Architekt André M. Studer, Baujahr unbekannt (25)

Obere Paulistrasse 75, Schindellegi/SZ
Rundhaus; Architekt André M. Studer, Baujahr unbekannt (26)

Untergütsch 41, Luzern/LU
Eigenheim des Architekten Otto von Deschwanden, Baujahr unbekannt (27)

Glossar

Adler & Sullivan Architekturbüro von Louis Sullivan (1856 – 1924) und Dankmar Adler (1844 – 1900), 1881 in Chicago gegründet

Bund Schweizer Architektinnen und Architekten (BSA) Vereinigung von Schweizer Architektinnen und Architekten, der heute über 1000 Mitglieder angehören. Davon sind etwa 880 «ordentliche Mitglieder» und berechtigt, sich als «Architekt BSA» respektive «Architektin BSA» zu bezeichnen. Ordentliche Mitglieder sind «in der Regel selbständig tätige Architektinnen und Architekten, die beachtenswerte Leistungen auf dem Gebiet der Architektur, des Städtebaus und der Raumplanung erbracht haben».

CIAM Congrès Internationaux de l'Architecture Moderne, 1928 gegründet. Dem Kongress gehörten verschiedene bedeutende avantgardistische Architekten aus verschiedenen Ländern an, darunter Le Corbusier, Walter Gropius, Cornelis van Eesteren und Siegfried Giedion. Gründungspräsident war Karl Moser. Die CIAM strebte eine internationale Zusammenarbeit an, um die bisher noch isolierten Bemühungen der einzelnen Architekten zu vereinen. An Kongressen wurde über verschiedene aktuelle Themen der Architektur wie etwa die Städteplanung diskutiert. Der letzte Kongress fand 1959 statt, danach folgte die Auflösung der CIAM.

Landistil In der Schweiz während der 1940er und 1950er Jahre sehr populärer Architektur- und Designstil, der durch die Schweizerische Landesausstellung 1939 (Landi) der breiten Öffentlichkeit bekannt wurde.

Moderne Bezeichnung für eine Epoche in der Architekturgeschichte, begann nach dem Ersten Weltkrieg, schloss Strömungen ein wie De Stijl, Expressionismus, Bauhaus, Neue Sachlichkeit, Rationalismus, Internationaler Stil, Konstruktivismus und Funktionalismus

Modulbauweise Bauverfahren, bei dem vorgefertigte Bauelemente bis hin zu ganzen Raumeinheiten zusammengesetzt werden. Diese können schon in der Fabrik mit Dämmung und Elektro- und Wasserinstallationen ausgestattet werden.

Nachkriegsmoderne Architektur der 1950er und 1960er Jahre, wird zur Hauptströmung der Moderne gerechnet

Neoklassizismus Stilbezeichnung für verschiedene Strömungen in der Architektur des 20. Jahrhunderts, die sich an antiken oder klassizistischen Vorbildern orientierten

Pariser École des Beaux-Arts berühmteste französische Hochschule für Bildende Künste, 1779 als École spéciale de peinture, de sculpture et d'architecture gegründet, seit 1968 als Kunsthochschule bezeichnet

Schweizerischer Werkbund SWB Vereinigung von Fachleuten aus dem Bereich der Gestaltung, dem auch juristische Personen wie Museen oder industrielle Betriebe angehören. Er wurde 1913 nach dem Vorbild des Deutschen Werkbundes in Zürich gegründet.

Skelett-Konstruktion auch Skelettbau Besonderer Typ des Tragwerks, Decken werden überwiegend von Trägern und Stützen gehalten. Im Gegensatz dazu steht der Massivbau, bei dem die Decken primär von den Wänden oder Wandscheiben getragen werden.

Taliesin East Ort in Spring Green, Wisconsin, an dem Wright Schüler aus aller Welt ausbildete und bei sich arbeiten liess.

Taliesin Fellowship Von Frank Lloyd Wright und seiner Frau Olgivanna 1932 gegründete Gemeinschaft von Schülern und ihren Familien, die in Taliesin lebten, arbeiteten und lehrten. Laut Wright war das Ziel der Fellowship «to develop a well correlated, creative human being with a wide horizon but capable of effective concentration of his faculties upon the circumstances in which he lives».

Taliesin West Wrights Wintersitz, Ort bei Scottsdale, Arizona, an dem Wright Schüler aus aller Welt ausbildete und bei sich arbeiten liess.

UNESCO-Beschluss von 2019 Zum UNESCO-Weltkulturerbe erklärt wurden: Unity Temple, Frederick C. Robie House, Taliesin, Hollyhock House, Fallingwater, Herbert and Katherine Jacobs House, Taliesin West, Solomon R. Guggenheim Museum

Personenregister

Alvar Aalto (1898 – 1976) war ein finnischer Architekt, Stadtplaner und Möbeldesigner. In den nordischen Ländern wird er als Vater des Modernismus bezeichnet. Heute gilt er als einer der Pioniere der Architektur der Moderne. Bekannt wurde Aalto durch seine Konzeption des Organischen Bauens, bei der er eine enge Verbindung von Architektur und Natur anstrebte.

Dankmar Adler (1844 – 1900) war ein US-amerikanischer Architekt und gründete 1881 gemeinsam mit Louis Sullivan das Architekturbüro Adler & Sullivan.

Charles Robert Ashbee (1863 – 1942) war ein englischer Architekt und Kunsttheoretiker. Bei seinem Besuch in den USA 1896 hatte er Frank Lloyd Wright kennengelernt und pflegte den Kontakt mit ihm auch später noch.

Hendrik Petrus Berlage (1856 – 1934) war ein holländischer Architekt und wird oftmals als Vater der modernen Architektur in den Niederlanden bezeichnet.

Indira Berndtson ist Administrator of Historic Studies at Frank Lloyd Wright Foundation.

Heinrich de Fries (1887 – 1938) war ein deutscher Architekturkritiker und Hochschullehrer für Baukunst und Städtebau. Er war von 1916 – 1918 im Büro von Peter Behrens tätig und übernahm 1919 die Schriftleitung der Zeitschrift *Der Städtebau*, herausgegeben von der Freien Akademie des Städtebaus.

David Dodge (1930 – 2021) war ein Taliesin-Architekt und Mitglied der Taliesin Fellowship und des Bund Schweizer Architekten (BSA).

Kuno Francke (1855 – 1930) war ein deutsch-amerikanischer Literatur- und Kunsthistoriker.

Hermann Frey (1908 – 1980) war ein Schweizer Architekt und arbeitete von 1929 – 1931 bei Karl Moser.

Jean Gebser (1905 – 1973) war ein deutsch-schweizerischer Philosoph, Schriftsteller und Übersetzer.

Bertrand Goldberg (1913 – 1997) war ein US-amerikanischer Architekt. Er studierte ab 1932 für einige Jahre am Bauhaus und arbeitete im Büro von Ludwig Mies van der Rohe.

Walter Gropius (1883 – 1969) war ein deutscher Architekt und Gründer des Bauhauses. Er gilt neben Ludwig Mies van der Rohe, Frank Lloyd Wright, Le Corbusier, Marcel Breuer und Richard Neutra als Pionier der Moderne.

Ebenezer Howard (1850 – 1928) war ein britischer Stadtplaner und gilt als Erfinder der Gartenstadt.

Philip Johnson (1906 – 2005) war ein US-amerikanischer Architekt und Architekturkritiker und gilt als einer der Begründer der Postmoderne.

Hugo Kükelhaus (1900 – 1984) war ein deutscher Philosoph, Künstler und Pädagoge. Er wurde vor allem durch die Erlebnisausstellung *Erfahrungsfeld zur Entfaltung der Sinne* bekannt, einen Teil davon führte er an der Weltausstellung Expo 67 in Montreal vor.

Le Corbusier (1887 – 1965), eigentlich Charles-Edouard Jeanneret-Gris, war ein schweizerisch-französischer Architekt, Architekturtheoretiker, Stadtplaner, Maler, Zeichner und Bildhauer. Er gilt als einer der einflussreichsten Architekten des 20. Jahrhunderts. Mit seinen Betongebäuden begründete er den Architekturstil des Brutalismus.

Sven Ivar Lind (1902 – 1980) war ein schwedischer Architekt.

Olgivanna Lloyd Wright (1898 – 1985) war die dritte und letzte Frau von Frank Lloyd Wright. Nach Wrights Tod 1959 übernahm sie die leitende Rolle in der Frank Lloyd Wright Foundation.

Rudolf Meuli (1928*) ist ein Schweizer Architekt und führte zusammen mit Fritz Stucky von 1956 bis 1969 das Architekturbüro Stucky und Meuli, in dem die ersten Schweizer Terrassenhäuser sowie das Variel-Bausystem entstanden.

Peter Meyer (1894 – 1984) war ein Schweizer Architekt und Kunsthistoriker. Er war in den 1920er Jahren Mitarbeiter bei der *Schweizerischen Bauzeitung* und von 1930 bis 1942 Redaktor der Architektur- und Kunstzeitschrift *Das Werk*. Ab 1935 lehrte er an der ETH Zürich und gilt als ein bedeutender Architekturkritiker.

Ludwig Mies van der Rohe (1886 – 1969) war ein deutsch-amerikanischer Architekt und gilt als einer der bedeutendsten Architekten der Moderne des 20. Jahrhunderts.

Minerva Montooth ist Social Director at Frank Lloyd Wright Foundation.

Karl Moser (1860 – 1936) war ein Schweizer Architekt und Professor an der ETH Zürich und beeinflusste viele später bekannte Architekten, darunter Max Ernst Haefeli, Rudolf Steiger und seinen Sohn Werner Max Moser, weshalb er auch als Vater der Schweizer Moderne bezeichnet wird.

Werner Max Moser (1896 – 1970) war ein Schweizer Architekt und Professor an der ETH Zürich und Sohn von Karl Moser. Er schloss sich 1937 mit den Architekten Max Ernst Haefeli und Rudolf Steiger zur Bürogemeinschaft Haefeli, Moser, Steiger (HMS) zusammen.

Pier Luigi Nervi (1891 – 1979) war ein italienischer Bauingenieur und wurde besonders durch seine Betonkonstruktionen bekannt, er entwarf und konstruierte vor allem Kuppeln und Schalen mit konstruktivistischen Strukturen.

Richard Josef Neutra (1892 – 1970) war ein österreichischer Architekt mit Schwerpunkt auf Villenbau in Südkalifornien. Er ging 1923 in die USA und arbeitete dort zeitweise bei Frank Lloyd Wright in Taliesin, wo auch sein Sohn Dion Neutra geboren wurde. Die Einbindung der Natur in die Architektur stellt in seinen Werken ein wichtiges Motiv dar. Neutra gilt als einer der Wegbereiter und Pioniere der Architektur der Moderne.

Frei Otto (1925 – 2015) war ein deutscher Architekt, Architekturtheoretiker und Hochschullehrer. Bekannt wurde er vor allem durch seine in Leichtbauweise erstellten Dachkonstruktionen. Otto gehört zu den wichtigsten Vertretern der Organischen Architektur. Sein Ziel war der minimale Verbrauch von Material und Energie.

Scott Perkins ist Director of Preservation at the Fallingwater Building in Mill Run, Pennsylvania.

Alfred Roth (1903 – 1998) war ein Schweizer Architekt, Designer und Hochschullehrer. Roth war ab 1930 Mitglied der CIAM und gilt als Wortführer der modernen Architektur in der Schweiz.

Joseph Lyman Silsbee (1848 – 1913) war ein US-amerikanischer Architekt und bedeutender Mentor für eine Reihe von Architekten, darunter Frank Lloyd Wright.

Alois Stadler (1890 – 1977) war ein Schweizer Architekt und arbeitete ab 1945 mit dem Architekten Hanns Anton Brütsch zusammen.

John Steinmann (1914 – 1987) war ein US-amerikanischer Architekt. Er gilt in seinem Architekturschaffen als Wright-beeinflusst.

Arnold Stöckli (1909 – 1997) war ein Luzerner Architekt und Publizist. Er setzte sich Zeit seines Lebens mit der Problematik der modernen Stadt auseinander.

Louis Sullivan (1856 – 1924) war ein bedeutender US-amerikanischer Architekt und wird häufig als «father of modernism» und «father of skyscrapers» bezeichnet. Er gilt als einflussreicher Architekt und Mentor des jungen Frank Lloyd Wright.

Martin Wagner (1885 – 1957) war ein deutscher Stadtplaner, Architekt und Stadttheoretiker.

Hendrik Wijdeveld (1885 – 1987) war ein holländischer Architekt und Grafikdesigner und Herausgeber der Architektur- und Kunst-Zeitschrift *Wendingen*.

Albert Zeyer (1895 – 1972) war ein Schweizer Architekt und studierte bei Karl Moser an der ETH Zürich.

Bildnachweis

Bürgi, Frank und Kaske-Bürgi, Sylke: S. 11, S. 18 unten, S. 29, S. 30 oben, S. 136, S. 146
Bürgi, Kora: S. 8, S. 12, S. 15 unten, S. 19, S. 22 oben, S. 22 unten, S. 150 (4), S. 150 (5), S. 150 (12), S. 151 (21) S. 151 (23)
Kantonale Denkmalpflege Luzern: S. 150 (3), S. 151 (19), S. 151 (20), S. 151 (22), S. 151 (24)
Fachstelle für Denkmalpflege Nidwalden: S. 150 (7) (2018)
Fachstelle für Denkmalpflege Schwyz: S. 150 (8)

Amt für Denkmalpflege und Archäologie Zug: S. 150 (11) (Jacqueline Hofer)
Nachlass Josef Gasser HSLU: Titelbild, S. 37, S. 124, S. 125, S. 138, S. 140, S. 141, S. 150 (1), S. 150 (2)
Ammon, Peter: S. 151 (17)
Geodaten: Geoportal des Kanton Schwyz, www.geo.sz.ch: S. 151 (25)
Geodaten: Kanton Luzern, Raum und Wirtschaft (rawi), www.geoportal.lu.ch: S. 151 (27)
gta Archiv/ETH Zürich, Ernst Anderegg: S. 121
gta Archiv/ETH Zürich, Jacques Schader: S. 151 (18)
gta Archiv/ETH Zürich, Walter Binder: S. 143
Kahl, Christian: S. 151 (26)
Niederwöhrmeier, Hartmut: S. 25
Privatarchiv Brütsch: S. 151 (15)
Schärli Architekten AG: S. 127
von Allmen, Jost: S. 122
von Deschwanden, Patrick: S. 130, S. 150 (6)
Wielander, Ivo (Hochschule Luzern - Technik & Architektur): S. 150 (10) (2017)
Zai, Ruedi: S. 150 (13), S. 150 (14), S. 151 (16)
Zumstein, Adeline: S. 150 (9)

© 2024, ProLitteris, Zurich:
© Arcaid Images: S. 30 unten (1937)
© 1983 Dover Publications, Inc., Titel: Hillside Home School building: S. 27
Library of Congress. Titel: 6. Historic American Buildings Survey Richard Nickel, Photographer, 1965 MAIN FACADE DETAIL – William H. Winslow House, Avergne Place, River Forest, Cook Country, IL: S. 26
© Little, Christopher: S. 9, S. 20, S. 21
© 1991 RETORIA: Y. Futagawa & Associated Photographers: S. 17
Stoller, Ezra © Esto: S. 23
© Storrer, William Allin: S. 16 unten (1993)
© The Estate of Pedro E. Guerrero: S. 10, S. 33, S. 132
© The Frank Lloyd Wright Foundation, Scottsdale, AZ: S. 14 unten, S. 15 oben, S. 18 oben (1991), S. 24 (1952), S. 32 (1924)

Der Urheberrechtsträger von den Abb. auf S. 14 oben, S. 16 oben, S. 31 und Inhaber des Instagram-Accounts FLLW Fan (#franklloydwrightfan) konnte selbst nach aufwändigen Recherchen nicht ausfindig gemacht werden. Sollte er oder sie bekannt sein, bittet die Autorin um Kontaktaufnahme.

Bildnachweis Kapitel Gebäudeanalysen:

Heimbachschulhaus

S. 39: Nachlass Josef Gasser HSLU
S. 40, oben: ebd.
S. 40, unten: Bürgi, Kora
S. 41: ebd.
S. 42: Wirz, Heinz
S. 43, oben links: Bürgi, Kora
S. 43, oben rechts: ebd.
S. 43, unten: Nachlass Josef Gasser HSLU

Villa Schnyder

S. 45, 47 – 49: Nachlass Josef Gasser HSLU

Auf Oberrüti

S. 51 – 55: Nachlass Josef Gasser HSLU
S. 56, oben: Bürgi, Kora
S. 56, unten: Nachlass Josef Gasser HSLU
S. 57, oben: ebd.
S. 57, unten: © Ezra Stoller,
© 2024, ProLitteris, Zurich

Ferienhaus am See

S. 59: Fachhochschule Nordwestschweiz, Institut Architektur (Archiv Dachtler Partner Architekten)
S. 61, oben: Fachhochschule Nordwestschweiz, Institut Architektur (Pascal Graber/Matthias Sutter)
S. 61, Mitte: ebd.
S. 61, unten: Fachhochschule Nordwestschweiz, Institut Architektur (Archiv Dachtler Partner Architekten)
S. 62/63: Bürgi, Kora

Terrassenhäuser

S. 65: Denkmalpflege und Archäologie Zug (Saskia Roth)
S. 66/67: Hediger, André (Hochschule Luzern – Technik & Architektur) (2017)
S. 68, oben: Stadtarchiv Zug
S. 68, unten: Grau, Eugen, Foto-Optik Grau AG, Zug
S. 69, oben: Gnant, Rob/Fotostiftung Schweiz
S. 69, unten: Passa, Marie

Wohnhaus Schärli

S. 71: Peiffer, Otto
S. 72, oben: Kanton Luzern, Denkmalpflege und Archäologie, Bauinventar Adligenswil
S. 72, unten: Schärli Architekten AG (Otto Schärli)
S. 73, oben: Louis Brem Fotografie
S. 73, Mitte: Kanton Luzern, Denkmalpflege und Archäologie, Bauinventar Adligenswil
S. 73, unten: Schärli Architekten AG (Otto Schärli)

Wohnhaus in Seedorf

S. 75: Bürgi, Kora
S. 76/77: gta Archiv/ETH Zürich, Dolf Schnebli
S. 78, oben: Gemeinde Seedorf, Bauverwaltung
S. 78, unten links: Bürgi, Kora
S. 78, unten rechts: ebd.
S. 79, oben: gta Archiv/ETH Zürich, Dolf Schnebli
S. 79, unten: ebd.

Villa Martha

S. 81: Bürgi, Kora
S. 82 – 83: Nachlass Josef Gasser HSLU

Wohnhaus Wüthrich

S. 85 – 87: Baumgartner, Markus
S. 88, oben: ebd.
S. 88, unten: gta Archiv/ETH Zürich, Ernst Anderegg
S. 89: ebd.

Ferienhaus Im Schilf

S. 91: Fachhochschule Nordwestschweiz, Institut Architektur (Cyrill Chrétien/Philipp Mägerli)
S. 92: ebd.
S. 93: © Ezra Stoller,
© 2024, ProLitteris, Zurich
S. 94, oben: Fachhochschule Nordwestschweiz, Institut Architektur (Cyrill Chrétien/Philipp Mägerli)
S. 94, unten: gta Archiv/ETH Zürich, Lisbeth Sachs
S. 95: © Kuhlmann, Nicole,
© 2024, ProLitteris, Zurich

Im Schyn

S. 97 – 103: gta-Archiv/ETH Zürich, Walter Binder

Villa Bisig

S. 105: Börje Müller Fotografie, Basel
S. 106, oben: ebd.
S. 106, unten: Philipp Architekten BDA
S. 107 – 109: Börje Müller Fotografie, Basel

Wohn- und Geschäftshaus Feldstrasse

S. 111 – 113: Bürgi, Kora

Wohnhäuser am Brodhubel

S. 115 – 116: Bürgi, Kora
S. 117, oben: ebd.
S. 117, unten: von Allmen, Jost
S. 118: ebd.
S. 119, oben: © The Frank Lloyd Wright Foundation, Scottsdale, AZ,
© 2024, ProLitteris, Zurich
S. 119, unten: © The Frank Lloyd Wright Foundation, Scottsdale, AZ,
© 2024, ProLitteris, Zurich

Literaturverzeichnis

Literatur

Amman, W. (1969). *Baustilkunde: vom Klassizismus bis heute*. Bern: Benteli.

Bauforum Zug. (2013). *Zuger Bautenführer: ausgewählte Objekte 1902 – 2012.* Luzern: Quart.

Blake, P. (1962). *Drei Meisterarchitekten: Le Corbusier, Mies van der Rohe, Frank Lloyd Wright.* München: R. Piper & Co.

Disch, P. (1996). *Architettura recente nel Ticino: con un riassunto degli anni 1930 – 1980 = Neuere Architektur im Tessin 1980 – 1995: mit einer Zusammenfassung der Jahre 1930 – 1980.* Lugano: ADV.

Gadola, R. (2013). *Architektur der Sehnsucht: 20 Schweizer Ferienhäuser aus dem 20. Jahrhundert.* Zürich: gta.

Green, A. (1988). Organic Architecture: The principles of Frank Lloyd Wright. In: Pfeiffer, B., Nordland, G. (1988). *Frank Lloyd Wright in the realm of ideas.* (S. 143 – 148). Carbondale: Southern Illinois University Press.

Habegger, U. (2015). 6014 Luzern-Littau, Gasshofstrasse 18, Villa Dr. Josef Schnyder-Wild: Gutachten zur Schutzwürdigkeit des Bauwerks. Im Auftrag der Treuhand Willimann GmbH. (Archiv kantonale Denkmalpflege Luzern)

Hanak, M. (2018) *Jacques Schader (1917 – 2007): Architektur für die Nachkriegsmoderne.* Zürich: gta.

Hartmann-Schweizer, R. (2020). *Lisbeth Sachs: Architektin, Forscherin, Publizistin.* Zürich: gta.

Hennig, B., Meyer, A. (2009). *Das Amt Luzern: die Landgemeinden.* Bern: Gesellschaft für Schweizerische Kunstgeschichte.

Horat, H. (2021). *Hanns Anton Brütsch: Architekt BSA SIA.* Zug: Kalt Medien.

Jenatsch, G., Krucker, B., Bauforum Zug. (2006). *Werk-Serie: Fritz Stucky, Architekt und Unternehmer.* Zürich: gta.

Jeschko, A., Rimer, T. (2019). *Otto Schärli.* In: MAS Denkmalpflege und Umnutzung BFH, Modul D22.

Kief-Niederwöhrmeier, H. (1983). *Frank Lloyd Wright und Europa: Architekturelemente-Naturverhältnis-Publikationen-Einflüsse.* Stuttgart: Krämer.

Klein, B. (1989). Schweizerhaus versus Usonien: Am Beispiel zweier früher Wohnbauten von Ernst Anderegg. In: archithese. Ausgabe von 1989, Nr. 6. *Kontra Heimatstil-Le régionalisme bien tempéré.* (S. 57 – 62). Niederteufen: Arthur Niggli.

Koch, M., Maurer, B. (1998). Zauberformeln. Episoden auf dem Weg der Schweizer Architektur in die Welt 1938 – 1968. In: *Architektur im 20. Jahrhundert Band 5*, Ausgabe von 1998 Herausgegeben von Meseure, A., Tschanz, M., Wang, W. (S. 39 – 40). München: Prestel

Kunz, G. (2017). Restaurierungskonzept (Entwurf Stand 171127): Objekt: Wohnhaus mit Arztpraxis Gasshofstrasse 18, Luzern, Littau. (Archiv kantonale Denkmalpflege Luzern)

Meyer, A. (1977). *Siedlungs- und Baudenkmäler im Kanton Luzern: ein kulturgeschichtlicher Wegweiser.* Luzern: Keller.

Moser, W. (1952). *Frank Lloyd Wright: 60 Jahre lebendige Architektur: 60 years of living architecture.* Winterthur: Buchdruckerei Winterthur AG.

Quidde, F. (1964) Besprechung des Buches von Arnold Stöckli, Grossstadtprobleme. In: Zeitschrift der Schweizerischen Astronomischen Gesellschaft. Ausgabe von 1964, Nr. 3/4. *Raumforschung und Raumordnung 22.* (S. 301).

Schärli, O. (2005). *Leib-Bewegung-Bau: Suche nach der Ganzheit des Lebens.* Schaffhausen: Oratio.

Sidler, P., Nussbaumer, R. (1992). *Zuger Bautenführer: ausgewählte Objekte 1920 – 1990.* Zug: Bauforum Zug.

Stöckli, A. (1954). *Die Stadt: ihr Wesen und ihre Problematik.* Köln-Deutz: Bund Verlag.

Treiber, D. (1988). *Frank Lloyd Wright.* Basel: Birkhäuser.

Wirz, H. (1985). Szenenwechsel in Luzern. In: archithese. Ausgabe von 1985, Nr. 3. *Luzern 1935 – 1985 FSAI.* (S. 25 – 30). Niederteufen: Arthur Niggli Verlag.

Wolf, D. (2006). Ernst E. Anderegg: 1928 – 2006. In: *Werk, Bauen + Wohnen.* Ausgabe von 2006, Band 93, Heft 10.

Wolf, D. (2011). *Ernst E. Anderegg (1928 – 2006): ausgewählte Bauten in der Region Interlaken-Oberhasli, Kanton Bern.* Bern: Gesellschaft für Schweizerische Kunstgeschichte.

Wright, F. (1963). Ausgewählt und hrsg. von Edgar Kaufmann, Ben Raeburn. *Schriften und Bauten.* München: Wien: Lange/Müller. Nachdruck der 1960 bei Horizon Press erschienenen Originalausgabe: Wright, F. (1960). *Writings and Buildings.* Cleveland: The World Publishing Company.

Wright, F. (1986). *Ausgeführte Bauten und Entwürfe von Frank Lloyd Wright – Studies and executed buildings by Frank Lloyd Wright.* Tübingen: Ernst Wasmuth. Nachdruck der 1910 bei Ernst Wasmuth AG erschienenen Portfolioausgabe: Wright, F. (1910). *Ausgeführte Bauten und Entwürfe von Frank Lloyd Wright.* Berlin: E. Wasmuth.

Internet

Architekturbibliothek (n.d.). *Ernst E. Anderegg.* Abgerufen am 17.07.2023 von www.architekturbibliothek.ch: https://www.architekturbibliothek.ch/architekt/anderegg-ernst-e/

Architekturbibliothek (n.d.). *Josef Gasser.* Abgerufen am 18.07.2023 von www.architekturbibliothek.ch: https://www.architekturbibliothek.ch/architekt/gasser-joseph/

Frank Lloyd Wright Foundation (2021). *Remembering David Dodge.* Abgerufen am 18.07.2023 von https://franklloydwright.org: https://franklloydwright.org/daviddodge/

Frank Lloyd Wright Foundation (n.d.). *Taliesin.* Abgerufen am 18.07.2023 von https://franklloydwright.org: https://franklloydwright.org/site/taliesin-hillside/

Gasser, J. (n.d.). Die Homepage von Josef Gasser ist seit Frühling 2023 nicht mehr aufrufbar: http://www.architekt-gasser.ch/kontakt.htm

Hartmann-Schweizer, R. (2019). *Bestandsbeschrieb Lisbeth Sachs.* Abgerufen am 18.07.2023 von https://archiv.gta.arch.ethz.ch: https://archiv.gta.arch.ethz.ch/nachlaesse-vorlaesse/lisbeth-sachs

Maurer, B. (2016). *Bestandsbeschrieb Heinrich Bernhard Hoesli.* Abgerufen am 17.07.2023 von https://archiv.gta.arch.ethz.ch: https://archiv.gta.arch.ethz.ch/nachlaesse-vorlaesse/heinrich-bernhard-hoesli

Pérez, M. (2020). *Bestandsbeschrieb Fritz Stucky.* Abgerufen am 18.08.2023 von https://archiv.gta.arch.ethz.ch: https://archiv.gta.arch.ethz.ch/nachlaesse-vorlaesse/fritz-stucky

Philipp Architekten. (2021). Video: *Philipp Architekten BDA: Anna Philipp: Ancestry.* Abgerufen am 26.07.2023 von https://www.philipparchitekten.de: https://www.philipparchitekten.de/media/film#1 – 3

Philipp Architekten. (n.d.). *Wurzeln.* Abgerufen am 01.08.2023 von https://www.philipparchitekten.de: https://www.philipparchitekten.de/office/wurzeln

Philipp Architekten. (n.d.). *Villa Bisig.* Abgerufen am 01.08.2023 von https://www.philipparchitekten.de: https://www.philipparchitekten.de/villen/bisig

Unesco-World Heritage Convention. (2019). *The Criteria for Selection.* Abgerufen am 27.12.2022 von https://whc.unesco.org: https://whc.unesco.org/en/criteria/

Unesco-World Heritage Convention. (2019). *The 20th-Century Architecture of Frank Lloyd Wright.* Abgerufen am 27.12.2022 von https://whc.unesco.org: https://whc.unesco.org/en/list/1496/

Usonia n.d. in Wikipedia. Abgerufen am 18.07.2023 von https://de.wikipedia.org/wiki/Usonia

Archive

Nachlass von Josef Gasser an der Hochschule Luzern (HSLU), der durch Dieter Geissbühler zugänglich gemacht wurde.

Auskünfte

Patrick von Deschwanden, Architekt, Sohn des Architekten Otto von Deschwanden: In einem Telefonat am 26.07.2023 mit der Autorin

Ebd.: E-Mail vom 27.02.2023.

Stefan Schärli, Architekt, Neffe des Architekten Otto Schärli: E-Mail vom 02.03.2023.

Kurzbiografie

Kora Bürgi, 2006 im Kanton Obwalden, Schweiz geboren, kam früh mit der Architektur von Frank Lloyd Wright in Kontakt. Bei Aufenthalten an der Frank Lloyd Wright School of Architecture Taliesin in Wisconsin und Taliesin West in Arizona durfte sie in Wrights Gebäuden wohnen und die Taliesin Community kennenlernen, darunter echte «Wrightianer» wie den Architekten David Dodge, Minerva Montooth, Indira Berndtson und Mitglieder der Frank Lloyd Wright Foundation wie Scott Perkins. Seither vermochte kaum eine Städtereise aus dem Schatten dieser Wright-Erfahrungen zu treten.

Wenn sie nicht der Architektur Frank Lloyd Wrights und seinen Einflüssen nachspürt, ist Kora Bürgi am Klavier oder an der Kirchenorgel anzutreffen.

Sie machte im Juni 2024 an der Kantonsschule Obwalden die Matura und studiert seit September 2024 an der ETH Zürich Chemie.

Dank

Diese Publikation wäre ohne die Hilfe zahlreicher Fachpersonen, Architekten, Hauseigentümer und -bewohner und dem Quart Verlag nicht möglich gewesen. Ich bedanke mich herzlich für all die Unterstützung, die offenen Türen, Gespräche und das grosse Interesse, das meiner Arbeit entgegengebracht wurde, bei:

Robert Arnold, Franz Bachmann, Beda Dillier, Barbara Burkhard, Daniel Cavelti, Reto Gadola, René Gasser, Dieter Geissbühler, Rainer Heublein, David Hinder, Nicole Ineichen, Nina Kochendörfer, Gerold Kunz, Gideon Laukhuf, Claus Niederberger, Urban Oberholzer, Wolfgang Rienecker, Stefan Schärli, Christian Schnieper, Patrick von Deschwanden für ihre Auskünfte zu Bildmaterial, Architekten und Zentralschweizer Gebäuden.

Von den Kantonalen Denkmalpflegestellen: Roman Brunner (OW), Thomas Brunner (UR), Frank Bürgi (LU, OW), Sebastian Geisseler (NW), Cony Grünenfelder (LU), Saskia Roth (ZG), Gabriela Theiler (NW), Monika Twerenbold (SZ) für das Teilen sorgfältig ausgewählter Inventarblätter, für die wertvollen Hinweise zu verborgenen Wright-Einflüssen, für die Vermittlung von Kontakten zu Eigentümern und weiteren Architekturinformanten sowie für das Zurverfügungstellen von Bildmaterial.

Ramon Flühler und Johanna Nigg aus Sarnen, die so freundlich waren, ihr Zuhause in der Villa Martha für mich zu öffnen.

Architektur-Professor Max Steiger, der mich in seinem Ferienhaus am See herzlich willkommen hiess und mich mit Plänen, Bildern, Geschichten und architektonischem Fachwissen vom Feinsten versorgte.

Marianne und Sepp Stierli-Tschopp, für das freundliche Empfangen in ihrem einzigartigen Haus, als ich auf einem Feldarbeitsausflug spontan zu klingeln beschloss. Vielen Dank für eure herzliche Gastfreundschaft, die spannende Führung mit Erklärungen, Geschichten und Anekdoten durch euer Anwesen. Vielen Dank für eure Unterstützung!

Manuel Bhend, vielen Dank, dass Sie mich damals mit Freude, grosser Neugier und Interesse am Thema meine Ideen verwirklichen liessen und das Vorkonzept ohne grosse Änderungsmassnahmen angenommen haben! Mir ist bewusst, dass Sie mit Kilian und mir einiges mehr zu lesen hatten als andere!

Prof. Dr. Orlando Budelacci, für die Laudatio und Prämierung am Wettbewerb Fokus Maturaarbeit in Luzern im März 2024. Herzlichen Dank, dass Sie meiner Arbeit und dem Forschungsgegenstand den Weg in die Zentralschweizer Öffentlichkeit und in die Medien geöffnet haben!

Der Frank Lloyd Wright Foundation, Taliesin Community, Stuart Graff, Minerva Montooth und Indira Berndtson, durch die meine Familie und ich 2016 und 2017 in Taliesin wohnen und Wrights Architektur aus nächster Nähe erleben durften. Diese Aufenthalte haben eine grosse Faszination ausgelöst und waren der Anstoss für meine Arbeit. David Dodge (slg.), der mich in Taliesin durch sein phänomenales Anwesen führte. Den längsten Schreibtisch der Welt und die Garderobe deiner Frau vergisst man nicht so schnell! Scott Perkins, unser Mitbewohner damals in Tan-y-Deri, Taliesin. Vielen Dank für das Interview und die Einladung nach Fallingwater! See you soon in PA!

Schliesslich meinen Eltern Frank Bürgi und Sylke Kaske-Bürgi für die unermüdliche Unterstützung, das wiederholte Durchlesen und Besprechen meiner Arbeit und Ideen. Ihr wart es, die mich schon ganz früh mit Städte- und USA-Reisen in die Architektur hineininteressiert und mir diese einzigartigen Taliesin-Aufenthalte ermöglicht habt!

Antonia Chavez-Wirz und Heinz Wirz vom Quart Verlag Luzern, für die tolle Zusammenarbeit und die riesige Chance, die sie dieser Arbeit gaben.

Ein besonderer Dank gebührt Dr. Heinz Horat. Ich bedanke mich ganz herzlich für deine Unterstützung, die fachlichen Ratschläge, das wiederholte Durchlesen und das Lektorieren meiner Arbeit, die Erklärungen und Tipps ganz am Anfang zu «Wie publiziert man ein Buch über Architektur? Welche Schritte gibt es? Was muss man beachten?» und nicht zuletzt dafür, dass du dein gigantisches Wissen über die Architektur und Architekturgeschichte der Zentralschweiz mit mir geteilt hast. Du warst für mich ein Mentor bei diesem Buchprojekt, ohne dich wäre das nicht möglich gewesen!

Ein herzlicher Dank gilt
den Sponsoren:

Ruedi Zai, Zug

Marianne und
Sepp Stierli-Tschopp, Uri

Gemeinde Horw

Stiftung Pro Cultura, Wilen

Hürlimann-Wyss Stiftung, Zug

Adligenswil stadtnah – mit Weitsicht und Zukunft

SWISSLOS Kulturförderung Kanton Obwalden

Bezirk Einsiedeln

KANTON URI

EINWOHNERGEMEINDE SACHSELN

LUNGERN innovativ | naturnah | lebenswert

ELEKTRO FURRER

sarnen

ERNST GÖHNER STIFTUNG

sia schweizerischer ingenieur- und architektenverein sektion zentralschweiz

FELS TECHNIK Gasser

GEMEINDE AESCH LU

HAUPT Holz. Kultur.

Hodel&Partner Gartenunternehmen

KANTON LUZERN Kulturförderung SWISSLOS

SWISSLOS KULTURFÖRDERUNG NIDWALDEN

Impressum

Der architektonische
Einfluss von Frank Lloyd Wright
in der Zentralschweiz

Autorin: Kora Bürgi, Lungern
Projektleitung: Quart Verlag,
Antonia Chavez-Wirz
Lektorat: Heinz Horat, Weggis
Korrektorat: Eva Guttmann, Graz
Gestaltung und Satz: BKVK, Basel –
Patricia Diemunsch, Beat Keusch
Lithografie: Rica Egger, Printeria,
Luzern
Druck und Bindung: Printer Trento
S.R.L.., Trient
Schrift: ABC Marist
Papier: Munken Polar, 120 g/m^2,
Munken Pure, 120 g/m^2

Der Quart Verlag wird vom Bundesamt
für Kultur für die Jahre 2021 – 2025
unterstützt.

ISBN 978-3-03761-329-0

Produktsicherheit / Product safety
Verantwortliche Person gemäss
EU-Verordnung / Responsible person
pursuant to EU Regulation 2023/988
(GPSR):
GVA Gemeinsame Verlagsauslieferung
Göttingen GmbH & Co. KG
Postfach / Post Box 2021
37010 Göttingen
Deutschland / Germany
+ 49 551 384 200 0
info@gva-verlage.de

Quart Verlag GmbH
Denkmalstrasse 2, CH-6006 Luzern
+ 41 41 420 20 82, books@quart.ch
www.quart.ch